Was ist
ein geistiger
Meister?

Aus dem Französischen übersetzt
Originaltitel:
QU'EST-CE QU'UN MAÎTRE SPIRITUEL?

© 1982, Éditions Prosveta S.A., France, ISBN 2-85566-193-5
Französiche Originalausgabe

© 1983, Éditions Prosveta S.A., France, ISBN 2-85566-258-3
Deutsche Ausgabe: »Was ist ein geistiger Meister?«

© 1999, Prosveta Verlag, Deutschland, ISBN 3-89515-040-1

ISBN 978-3-89515-040-1

Druck 2012: Interpress, Ungarn

Omraam Mikhaël Aïvanhov

Was ist
ein geistiger
Meister?

Reihe Izvor – Band 207

PROSVETA  VERLAG

*Da Meister Omraam Mikhaël Aïvanhov
seine Lehre ausschließlich mündlich überlieferte,
wurden seine Bücher aus stenografischen
Mitschriften, Tonband- und Videoaufnahmen
seiner frei gehaltenen Vorträge erstellt.*

INHALT

I

WIE MAN EINEN WIRKLICHEN GEISTIGEN MEISTER ERKENNT

Seinem Meister zu begegnen, bedeutet für den Schüler, eine Mutter gefunden zu haben, die ihn willig neun Monate lang unter ihrem Herzen trägt, damit er in der geistigen Welt geboren wird. Und wenn er in dieser Welt geboren ist, das heißt wenn er geistig erwacht ist, dann schauen seine Augen die Schönheit der Schöpfung, hören seine Ohren das göttliche Wort, kostet sein Mund die himmlischen Speisen, tragen seine Füße ihn an die verschiedenen Orte des Raumes, um Gutes zu tun und lernen seine Hände, in der feinstofflichen Welt der Seele etwas zu erschaffen.

Nur sehr wenige Menschen wissen, was ein Meister wirklich ist. Es gibt Bücher, in denen die unglaublichsten Dinge geschildert werden: Ein Meister ist vollkommen, allwissend, allmächtig... Er braucht weder zu essen, noch zu trinken, noch zu schlafen... Er ist gegen alle Versuchungen gefeit und vor allem verbringt er seine Zeit damit, Wunder zu

wirken. Wie viele Menschen waren nicht von dem
Buch von Spalding »Das Leben der Meister«
hellauf begeistert und ahnten nicht, dass es alle
möglichen unwahrscheinlichen Geschichten ent-
hält! Es ist wahr, die großen Meister besitzen außer-
gewöhnliche Fähigkeiten, aber sie benutzen sie
nicht, um vor Schaulustigen Wunder zu vollbringen, plötzlich zu erscheinen oder zu verschwinden,
auf dem Wasser zu gehen, im Raum zu fliegen, Fest-
essen herbeizuzaubern, Flammen einer Feuers-
brunst zu durchschreiten, Häuser aus dem Boden zu
stampfen... Selbst wenn er dazu imstande wäre,
würde ein wahrer Meister so etwas nicht tun, denn
solche Kunststückchen können den Menschen nicht
helfen, sich zu verändern.

Ihr müsst wissen, dass ein Meister genau wie
alle andern Menschen gebaut ist. Er hat die gleichen Organe und empfindet die gleichen Bedürfnisse und Wünsche. Wenn er sich schneidet, ist
das Blut, das fließt, genauso rot, wie das Blut aller
anderen Menschen! Der Unterschied besteht
darin, dass das Bewusstsein des Meisters weit
umfassender ist als das der meisten Menschen. Er
besitzt ein Ideal, einen höheren Blickpunkt, und
vor allem hat er eine vollkommene Selbstbeherrschung erreicht. Dies erfordert natürlich enorm
viel Zeit und eine ungeheure Arbeit, und deshalb
wird niemand in einer einzigen Inkarnation zum
Meister. Ihr müsst euch darüber im Klaren sein,

dass er seine guten Eigenschaften und Tugenden nicht in einem einzigen Leben erworben hat. Nein, er musste Jahrhunderte, ja sogar Jahrtausende dafür arbeiten. Und da die guten Eigenschaften, die man durch eigene Anstrengungen erworben hat, erhalten bleiben, wenn man die Erde verlässt, bringt er sie in seiner nächsten Inkarnation wieder mit. Von Leben zu Leben fügt er neue geistige Elemente hinzu, bis er eines Tages ein wahrer Träger des Lichts und der göttlichen Tugenden ist.

Leider gibt es auch Wesen, die sich jahrhundertelang im Bösen geschult haben, und das sind die Meister der schwarzen Magie. Der Mensch kann frei zwischen Gut und Böse wählen. Wenn jemand das Böse vorgezogen hat, wird er – selbst wenn die kosmische Intelligenz ihm eine Weile freies Spiel lässt – am Ende natürlich doch vernichtet, weil er mit seinem Verhalten gegen die universelle Ordnung verstoßen hat. Aber am Anfang hat er die Wahl. Solange er lebt, kann er sich frei für die eine oder andere Richtung entscheiden.

Es gibt einige sehr seltene Fälle von Wesen, die trotz der ihnen überlassenen Freiheit für immer festgelegt sind. Die großen Eingeweihten zum Beispiel haben sich für das Licht und die Liebe entschieden. Gewiss, manche sind vielleicht gefallen, aber die meisten sind doch Wesen des Lichts geblieben. Übrigens wird es ihnen mit der Zeit immer weniger möglich, ihre Richtung zu ändern, denn durch ihre geistige Arbeit verändern und vergöttlichen sie die Materie ihres Körpers, sodass sie wie rostfreies Metall, wie reines Gold wird. Aber solange ein Mensch diese Entwicklungsstufe nicht erreicht hat, kann er jederzeit eine andere Richtung einschlagen und es gibt historische Fälle, in denen weiße Magier zur Schwarzmagie übergetreten sind.

Ihr fragt euch, wie man ein Schwarzmagier wird... Das ist sehr einfach, sogar für euch: Ihr braucht nur eurer niederen Natur freien Lauf zu lassen. Wenn ihr ständig die Gesetze der Güte, der Gerechtigkeit und der Liebe überschreitet, indem ihr versucht, auf Kosten anderer zum Erfolg zu kommen, sie auszustechen und sie zu zerstören, werdet ihr unweigerlich ein Schwarzmagier. Das ist ganz klar und eindeutig. Viele Menschen stellen sich vor, man müsste bei einem teuflischen Meister in die Lehre gehen und bei ihm die Kunst der Verwünschung und die Beschwörung böser Geister erlernen. Das ist möglich, aber wer sich in den Dienst des Bösen stellen will, braucht nicht unbedingt einen Meister. Man kann auch ohne Lehrer, ohne Gebrauchsanweisung oder sonst etwas ein Schwarzmagier werden, und zwar wenn man sich zu sehr von seiner niederen Natur leiten lässt. Ebenso wird ein Mensch, der ständig den anderen helfen und ihnen das Licht der Erkenntnis bringen will, ein weißer Magier, auch wenn er keinen Meister hat, der ihn unterrichtet.

In Wirklichkeit hat jeder Mensch einen Meister, entweder einen sichtbaren oder einen unsichtbaren. Bei Verbrechern ist er im unsichtbaren Bereich und redet ihnen ständig ein, den anderen zu schaden. Selbst wenn sie behaupten: »Wir, einen Meister? Nie im Leben!«, müssen diese Blinden doch wissen, dass sie einen Meister haben und Tag und Nacht seine bösartigen Ratschläge befolgen.

Wenn ich von Meistern rede, so meine ich natürlich immer die wirklich großen geistigen Meister, die weißen Magier. Ich weiß, dass der Titel »Meister« vielen Handwerkern, ebenso wie Notaren, Richtern, Künstlern usw. als Zeichen der Fertigkeit in ihrem Beruf gegeben wird. Das ist Ansichtssache und ich spreche ihnen diesen Titel nicht ab. Ihr solltet jedoch wissen, dass ein wahrer Meister – im spirituellen Sinne des Wortes – erstens die grundlegenden Wahrheiten kennt, und zwar nicht diejenigen, die von den Menschen geschrieben, geschaffen oder erzählt wurden, sondern die wesentlichen im Sinne der kosmischen Intelligenz. Zweitens muss er durch seine Willenskraft vollständige Beherrschung, Meisterschaft und Selbstkontrolle erreicht haben. Und schließlich dürfen dieses Wissen und diese Selbstbeherrschung nur dazu dienen, alle guten Eigen-

schaften und Tugenden der selbstlosen Liebe zu
offenbaren.

Einen wahren Meister könnt ihr an seiner
Selbstlosigkeit erkennen. Jeder Meister kommt
mit einer besonderen Fähigkeit auf die Erde. Es
gibt also Meister der Weisheit, der Liebe, der
Kraft oder der Reinheit... Aber alle wahren großen
Meister haben unbedingt eine gemeinsame Tugend: Uneigennützigkeit.

Es gibt dermaßen viele Betrüger und Scharla-
tane, die nur von der Naivität der Menschen profitieren wollen! Sie haben kaum ein paar Bändchen
über okkultes Wissen gelesen, die oft auch noch
von Dummköpfen geschrieben wurden, und
schon geben sie sich überall als große Meister
aus. Sie tragen nicht das geringste Zeichen, dass
der Himmel sie anerkannt hat! Sie selbst haben
sich zu Meistern ernannt und glauben, das würde
genügen. Und anstatt einen solchen Menschen ein
wenig zu beobachten, um ihn an seinem Verhalten
zu erkennen, folgen die anderen ihm blindlings.
Sie merken nicht einmal, wenn er sie betrügt, aus-
plündert und versklavt. Ja, das ist wunderbar...
wenigstens ein intelligenter Mensch! Die Dummen sind die anderen... Warum fragen sie sich
nicht wo er herkommt, wie er gelebt hat, wer sein
Meister war und wer ihn geschickt hat? Aber nein,
unnötig sich die Frage zu stellen: Solange er ihnen
verspricht, sie innerhalb von drei Tagen einzuwei-

hen – natürlich gegen Bezahlung einiger tausend
Dollar –, glauben sie ihm. Sie haben es eilig, versteht ihr, die Einweihung darf nicht länger als drei
Tage dauern. Und die Welt ist voll von solchen
Leuten, von Angebern und Schurken, die aus der
Gutgläubigkeit und Dummheit der anderen ihren
Nutzen ziehen. Aber sie sind wenigstens intelligent! Ich bestreite nicht, dass solche Leute eine
gewisse Macht besitzen, aber die kann jeder erwerben, wenn er sich übt. Die Frage ist nur, wie
und zu welchem Zweck er sie anwendet, und gerade das beurteilt der Himmel. Er kümmert sich
nicht um eure Fähigkeiten und Mittel, sondern um
das, was ihr damit macht. Ihm kommt es nicht auf
euer Wissen, eure Hellsicht und eure Macht an,
sondern auf eure Selbstlosigkeit. Ihr könnt hellsichtig sein, Wissen und Macht besitzen, solange
ihr nicht uneigennützig handelt, wird der Himmel
euch nicht als Meister anerkennen, selbst wenn
die Menschen es tun.

Das Unglück der Menschen liegt in ihrem
mangelnden Unterscheidungsvermögen. Sie misstrauen einem wahren, selbstlosen Meister, aber
dem ersten Besten, der ihnen Sand in die Augen
streut und sich als Meister ausgibt, dem folgen
sie. In Wirklichkeit wird ein wahrer Meister euch
nie sagen, dass er ein Meister ist; er wird es euch
fühlen und begreifen lassen, denn er hat es nicht

eilig, erkannt zu werden. Ein falscher Meister dagegen hat, sobald er sich als solcher ausgibt,
nichts anderes im Sinn, als sich den anderen aufzudrängen. Vor kurzem erhielt ich den Brief eines
Mannes, der sich für fähig hielt, ein geistiger Führer zu werden. Er berichtete mir von seinen
Schwierigkeiten und Ängsten. Er hätte natürlich
mit diesen Schwierigkeiten rechnen müssen. Warum erdreistete er sich, die andern zu täuschen
und behauptet sie führen zu können, wenn er
selbst nicht vollkommen ist? Wer hatte ihm diese
Aufgabe erteilt? Aber so sind die Menschen; sie
maßen sich an, andere zu führen, ohne die notwendigen Tugenden wie Weisheit, Liebe, Reinheit, Kraft und Selbstlosigkeit verwirklicht zu haben. Nein, solange man nicht von einem höheren
Wesen den Auftrag für die überwältigende Aufgabe erhalten hat, die Menschen zu führen, ist es
sehr gefährlich, diese Rolle spielen zu wollen.

Ich hätte diesem Mann gerne geholfen, denn
ich sah, dass er sehr unglücklich war und nicht
einmal wusste warum. Er hatte sich vorgestellt,
dass die Lektüre einiger Bücher über okkultes
Wissen genügt und hatte die gewaltigen Kräfte
der unsichtbaren Welt ausgelöst, ohne jemals gelernt zu haben, sich vorher mit ihnen zu harmonisieren. Nun, diese Kräfte rächen sich und sagen:
»Warum willst du uns bezwingen, nur um deine
Launen zu befriedigen? Du bist schwach und

dumm, wir wollen uns dir nicht unterwerfen. Du verdienst eine gehörige Lektion.« Wie viele so genannte Okkultisten besitzen überhaupt keine wirkliche Kenntnis von den Gesetzen der geistigen Welt! Wie gesagt, sie haben ein paar Bücher gelesen und wollen jetzt ohne eigene Vorbereitung einige ihrer Anhänger mit ihren Wundertaten verblüffen. Nein, so geht das nicht.

Um die Aufgabe eines geistigen Führers zu übernehmen, braucht man eine Urkunde, denn auch in der geistigen Welt bekommt man Zeugnisse. Die Urkunden der physischen Welt haben im geistigen Bereich ihre Entsprechung, denn der materielle Bereich wurde nach dem geistigen Vorbild geschaffen. Die lichtvollen Geister, die uns auf die Erde geschickt haben, beobachten und beurteilen uns und wenn sie sehen, dass wir uns angestrengt haben, dass wir uns beherrschen können und gewisse Fehler ausgemerzt haben, dann geben sie uns ein Diplom. Und wo befindet sich das? Auf jeden Fall ist es kein Stück Papier, auf dem man radieren und das man vernichten kann. Nein, es gleicht einem Siegel, das auf unserem Gesicht und unserem ganzen Körper eingeprägt ist und das von unseren Siegen über uns selbst zeugt. Die Menschen sehen es vielleicht nicht, aber die Naturgeister und Lichtwesen nehmen es schon von weitem wahr und dann gehorchen und helfen sie uns.

Ja, wer bestimmte Aufgaben im geistigen Bereich ausführen will, der braucht auch die Zustimmung bestimmter Geistwesen. Und glaubt nicht, das sei so einfach! Viele finden das Studium, um Erzieher oder Lehrer zu werden, lang und schwierig. Aber das ist gar nichts, verglichen mit den Bedingungen, die derjenige erfüllen muss, der Schüler in den Wahrheiten der Einweihungswissenschaft unterrichten will. Ich bin in Bezug auf folgenden Punkt immer wieder über die Unwissenheit und Naivität der Menschen erstaunt: Jeder oder fast jeder Beliebige glaubt sich weit genug entwickelt, um den Titel »Meister« tragen zu können. Und wenn sie dann einem wahren Meister gegenüberstehen, bilden sie sich ein, er sei ganz einfach so vom Himmel gefallen, ohne sich auch nur der geringsten Anstrengung unterzogen zu haben.

Nein, ihr werdet kein einziges Geschöpf finden, das perfekt auf die Erde gekommen ist. Jeder hat eine oder sogar mehrere Schwächen, egal ob er sie nun offen zeigt oder nicht. Selbst die hohen Eingeweihten haben mindestens eine Schwäche: entweder Angst oder Hochmut oder Geiz oder Sinnlichkeit. Die Erhabenheit eines Eingeweihten liegt jedoch darin, dass er sich seiner Schwächen erstens bewusst ist und zweitens alle Mittel verwendet, um sie zu überwinden.

Sobald ein Mensch sich auf der Erde inkarniert, vererben seine Eltern ihm – unabhängig von der Erhabenheit seines Geistes – eine mehr oder weniger unvollkommene Materie, die er verwandeln muss, und die er dank seiner Qualitäten und Tugenden veredelt. Durch diesen Vorgang wird er noch größer, denn er hat eine rohe, unbehandelte Materie in einen feinen, ausgearbeiteten Stoff verwandelt, den er für seine Arbeit verwendet. Bei den Eingeweihten können wir also die wahre Macht des Geistes erkennen, denn es gelingt ihnen, alles zu bezwingen, wohingegen die meisten Menschen ihr Leben lang irgendwelche Fehler mit sich herumtragen, derer sie sich nicht entledigen können.

Nun muss man natürlich wissen, dass ein Eingeweihter alle guten Eigenschaften, die er sich in den vorhergehenden Leben erarbeitet hat, auf die Erde mitbringt. Dank dieser Qualitäten wendet er sich instinktiv vom falschen Weg ab und richtet sein Streben auf aufbauende und lichtvolle Tätigkeiten. Selbst wenn er sich an nichts erinnert, drängt es ihn ohne sein Zutun in die gleiche Richtung wie in der Vergangenheit. Ich selbst hatte lange Zeit keinerlei Erinnerung an meine Inkarnationen, aber ich bin mit Prägungen in dieses Leben gekommen, die mich in eine ganz bestimmte Richtung trieben.

Ich weiß, manche von euch sind erstaunt und schockiert, wenn sie hören, dass selbst ein großer Meister nicht mit Vollkommenheit auf die Erde kommt. Und die Christen mögen mir verzeihen, wenn ich sage, dass selbst Jesus nicht vollkommen war, als er geboren wurde. Auch er musste lernen und eine große Läuterungsarbeit durchführen, bevor er mit dreißig Jahren den Heiligen Geist empfing. Leider wird in den Evangelien nicht erwähnt, was er in der Zeit zwischen seinem zwölften und seinem dreißigsten Lebensjahr gemacht hat. Jedes Wesen, das auf die Welt kommt, erhält zum Aufbau seines Körpers immer verbrauchte, trübe Elemente, die es zu reinigen, zu ordnen und zu harmonisieren gilt. Man muss verstehen, was diese Materie, die jahrhundertelang von Generation zu Generation weitergegeben wurde, eigentlich ist. Wie könnte sie makellos und rein sein? Selbst ein Eingeweihter, der außerordentliche Eltern hatte, muss an seinem physischen Körper arbeiten, bis dieser ein perfektes Instrument für seinen Geist wird. Ein Eingeweihter ist vielleicht dazu ausersehen, eine neue Religion zu bringen, aber auch er muss seinen Geist von der Macht der Materie befreien und sie verwandeln, vergeistigen und verfeinern. Der Himmel erkennt seine Größe an der Zeit, die er dafür aufwendet.

Selbst Jesus konnte nicht sofort die Macht seines Geistes offenbaren. Er musste lernen, sich üben und in seinem dreißigsten Lebensjahr vollbrachte er schließlich Wunder. Alle geistigen Meister wussten am Anfang ihres Lebens lange

Zeit nichts von ihrer Aufgabe. Selbst wenn sie während ihrer Jugend einige Offenbarungen der göttlichen Welt erhielten, so waren sie sich doch ihrer Größe ganz und gar nicht bewusst. Ich weiß, viele wollen das nicht glauben, denn für sie kommt ein Eingeweihter allmächtig und allwissend zur Welt. Nein! Manche hatten sogar körperliche oder geistige Schwächen, die sie nie überwinden konnten. Aber es würde zu lange dauern, wenn wir auf diese Einzelheiten eingehen wollten, obwohl wir dabei außerordentlich interessante Dinge entdecken würden.

Glaubt nicht, dass ich in meiner frühesten Jugend schon so war, wie ich heute bin! Nein, auch ich musste jahrelang an meiner eigenen Materie arbeiten, und nichts ist schwieriger als das. Seele und Geist sind von göttlicher Beschaffenheit und in ihrer Welt erkennen und offenbaren sie sich als solche. Aber sie müssen sich auch durch die Materie, durch den physischen Körper äußern und erkennen. Gerade hier liegt das größte Mysterium der Existenz, welches durch die Schlange, die ihren eigenen Schwanz verschlingt, symbolisiert wird. Der Kopf der Schlange, das heißt der Geist, das höhere Ich, muss sich durch den Schwanz, die Materie, das niedere Ich, offenbaren. Der Geist, der oben allmächtig und allwissend ist, muss sich in der Materie wie in einem Spiegel betrachten können. Das ist das Ziel der Einweihung: die Materie so weit zu verwandeln, dass sie dem Geist sein eigenes Spiegelbild zurückschicken kann.

Wir kommen also immer wieder auf die an der Materie zu verrichtende Arbeit zurück. Hier liegt unsere wahre Aufgabe auf der Erde. Deswegen darf man sich nicht vorstellen, das Leben sei für die großen Meister einfach. Im Gegenteil, gerade sie stoßen auf die größten Schwierigkeiten und Hindernisse. Ihnen vertraut man die schwierigsten Aufgaben an, sowohl in Bezug auf ihre eigene Person als auch auf ihre Umwelt, weil sie die Fähigkeit und den Willen besitzen, diese Arbeit auszuführen, und dank der Schwierigkeiten steigen sie noch weiter auf. Ja, gerade durch die Schwierigkeiten.

Die Größe eines Eingeweihten oder eines Meisters besteht darin, dass er sich nach und nach über die Prüfungen erhebt, denen er, wie alle anderen, ausgesetzt ist, wenn er auf die Erde kommt. Deshalb darf er dann andere unterrichten und sie sogar zurechtweisen. Mit dem Sieg über seine eigenen Schwächen erwirbt er das Recht, die Menschen zu führen. Übrigens darf man nur unter dieser Bedingung den Mund auftun, um andere zu belehren. Solange man sich nicht selbst von den Fehlern befreit hat, die man bei anderen verbessern will, sollte man sich lieber zurückhalten, denn sonst würden sie spüren, dass da etwas nicht stimmt, und die Umstände würden dazu führen, dass man irgendwo in eine Falle geht. Wie wollt ihr jemanden davon überzeugen, ein Laster aufzugeben, wenn ihr es selbst noch nicht einmal geschafft habt? Wie sollte ein ängstlicher Mensch andere ermutigen können? Wenn er am ganzen Leibe zittert und »Vorwärts!« schreit, würde keiner von ihm mitgerissen werden! Ihr müsst wissen, dass euch die wahre Macht nur durch den Sieg über eure eigenen Schwächen verliehen wird. Diese Macht äußert sich früher oder später durch eure Augen, eure Gesten, euren Gesichtsausdruck und eure Stimme. Ja, sie zeigt sich, selbst wenn ihr sie verbergen wollt.

Ein Meister, der Tausende von Jahren daran gearbeitet hat, alle menschlichen Leidenschaften in sich zu besiegen und danach gestrebt hat, die Tugenden des Himmels auf sich zu lenken, wirkt durch die von ihm ausgehenden Schwingungen günstig auf seine Umwelt. Gerade darin liegt der Vorteil, mit einem Meister in Verbindung zu stehen. Seine Schüler nehmen Teilchen seines Lebens auf, indem sie ihm zuschauen, zuhören und in seiner Nähe leben, und dank dieser Teilchen können sie sich viel schneller weiterentwickeln. Was meint ihr, wozu euch sonst ein Meister von Nutzen wäre? Er will euch weder Reichtum noch eine gute Stellung oder eine Frau verschaffen,

sein einziges Streben richtet sich darauf, euch
Elemente höherer Natur zu geben, die mit dem
Himmel im Einklang schwingen. Wenn ihr im
Stande seid, diese Elemente aufzunehmen, sie in
eurem Inneren zu bewahren und sogar zu verstärken, merkt ihr, dass sich eure Gedanken, eure Gefühle, selbst eure Gesundheit und alles andere mit
der Zeit verbessern. Ja, bei einem wahren Meister
könnt ihr nur Segen finden.

II

VON DER NOTWENDIGKEIT EINES GEISTIGEN FÜHRERS

Wenn ihr lernen wollt, Geige zu spielen, kauft ihr euch ein Instrument, Notenhefte und beginnt eure Übungen. Die erste Zeit spielt ihr ein oder zwei Stunden täglich, aber bald verliert ihr euren Eifer und hört auf. Eine Woche später nehmt ihr dann die Geige wieder zur Hand, aber es dauert nicht lange, bis ihr sie wieder weglegt... Und so vergeht die Zeit, je nach Lust und Laune wechseln die Phasen der Arbeit mit denen der Trägheit ab. Wenn ihr dagegen einen Lehrer habt, wollt ihr seine Anerkennung und seine Zustimmung gewinnen und arbeitet deshalb fleißig, um euch für die nächste Unterrichtsstunde vorzubereiten. Ein Lehrer korrigiert eure Fehler, ermutigt euch und dann wird aus euch unter seiner Anleitung eines Tages ein Virtuose. Es hat noch nie einen großen Musiker gegeben, der ohne Lehrer den Gipfel seiner Kunst erreichte.

Für den geistigen Bereich gilt das Gleiche. Ohne Meister ist es sehr schwer, ausdauernd zu bleiben. Ihr seid überzeugt, dass Meditation und ständiges Bemühen zu eurer Verbesserung beitragen, aber sehr schnell fallt ihr wieder in eure alten Gewohnheiten zurück. Nach einigen Monaten erinnert ihr euch dann an eure guten Vorsätze und gebt euch wieder etwas Mühe, bis schließlich endgültig die Trägheit siegt... Ein Meister hingegen stimuliert euch ständig. Seine Worte und sein Vorbild treiben euch stets voran. Außerdem wirkt er auch auf eure Gefühle. Eure Liebe und Bewunderung für ihn drängen euch ständig zum Fortschreiten.

Natürlich wird euch das nicht davor bewahren, wieder in eure alten Fehler zurückzufallen. Aber wenn ihr jedes Mal aufs Neue gute Vorsätze fasst, wird die Kraft, die bei diesen Vorsätzen entsteht, eines Tages überwiegen. Es ist nicht so schlimm, in seine alten Fehler zurückzufallen, als die Hoffnung aufzugeben, diese Fehler überwinden zu können und sich nicht mehr anzustrengen, um sie zu korrigieren. In einem Entschluss liegt Macht und die sollte man kennen. Wenn jemand sich aufrichtig entschließt, seine Ausrichtung zu ändern, weil sein Meister ihm die Gefahren aufgezeigt hat, die auf dem eingeschlagenen Weg liegen, prägt dieser Entschluss sich in ihm ein und markiert in ihm einen neuen Ausgangspunkt. Selbst wenn man noch nichts davon sieht, führt diese Prägung eines Tages doch zu Ergebnissen. Darin besteht die Nützlichkeit eines Meisters.

Ich möchte euch vor allem Folgendes verständlich machen: Angesichts der Beschaffenheit der geistigen Welt sollte man lieber gar nicht, als ohne Führer in sie eindringen wollen, so wie manche es zu ihrem Unglück tun. Sie kaufen sich Bücher über Konzentrations-, Meditations- oder Atemtechniken und stürzen sich in Übungen, die sie am Ende seelisch und körperlich kaputtmachen. Solche Leute sollten lieber etwas weniger ausdauernd in ihrem Streben sein!

Ich muss immer wieder über die Menschen staunen: Sie würden nie auf die Idee kommen, ohne Führer einen Berg zu besteigen, aber sie stürzen sich ohne weiteres und ganz allein in die Erforschung der psychischen Welt, obwohl dort die Gefahr, sich zu verirren, in einen Abgrund zu stürzen oder unter Lawinen begraben zu werden, viel größer ist. Merkwürdigerweise wollen sie sich da ganz alleine durchschlagen! Ja, und genau deswegen gibt es unter den so genannten Spiritualisten so viele Verrückte. Sie sind ganz einfach ohne Führer losgezogen und haben sich verirrt.

Die Spiritualisten würden nicht auf Unannehmlichkeiten stoßen, wenn sie von Anfang an folgenden wesentlichen Punkt verstanden hätten: Man muss seine Arbeit durch die Ausübung bestimmter Qualitäten und Tugenden vorbereiten: durch Liebe, Sanftmut, Reinheit und Ergebenheit der göttlichen Welt gegenüber, denn in diesem Bereich genügt der Wille allein nicht.

Der Fehler vieler Spiritualisten besteht darin, dass sie ihren Handlungen keine solide Grundlage geben können. Sie stürzen sich einfach ohne die geringste Vorbereitung in die Spiritualität und denken, ihr Wunsch und ihr Verlangen genüge, damit die unsichtbare Welt sich ihnen offenbare, die Engel herbeikämen, und dass ihnen jegliche Macht in die Hände falle. Nein, leider ist dem nicht so. Ein wahrer Spiritualist bereitet sich zwanzig oder dreißig Jahre unter Anleitung eines Meisters vor, und danach erreicht er dann in sehr kurzer Zeit alles, was er sich wünscht. Im geistigen Bereich dauert die Vorbereitung am längsten. Aber die Menschen bereiten sich nicht vor, sie hegen in ihrem Innern weiterhin alle möglichen Gedanken, Ungerechtigkeiten und Schmutz. Gewiss, von Zeit zu Zeit meditieren sie angeblich auch ein wenig, und damit sind sie zufrieden. Ja, ihnen genügt das vielleicht, aber in Wirklichkeit reicht das eben nicht. Denn selbst zum Meditieren muss man bestimmte Vorbedingungen erfüllen.

Heutzutage ist Meditation Mode und es gibt immer mehr Menschen, die behaupten, sie meditierten. Aber damit erreichen sie nichts, denn man kann nicht so ohne weiteres, ohne Vorbereitung meditieren. Wie wollt ihr jemanden zum Meditieren bringen, der noch nie ein hohes Ideal besaß und seine Begierden, Launen, Schamlosigkeiten, Vergnügungen, Wein und Tabak nie überwinden konnte? Er sagt er meditiere? Aber worüber? Über Geld und Macht oder wie er einen Mann oder eine Frau verführen könnte? Wie sollte er über himmlische Themen meditieren können, wenn er noch kein hohes Ideal hat, das ihn aus dem gewöhnlichen tierhaften Leben herausziehen und ihn zum Himmel führen könnte? Meditieren ist für denjenigen, der gewisse Schwächen noch nicht besiegt und bestimmte Wahrheiten noch nicht erkannt hat, unmöglich. Und nicht nur unmöglich, sondern sogar gefährlich.

Das Bemerkenswerte an der Arbeit an sich selbst ist die Tatsache, dass keinerlei Übung im Bereich der Gedanken ohne Ergebnis bleibt. Es gibt immer Ergebnisse, leider sind sie aber oft erbärmlich. Warum? Weil der Mensch die Bestandteile seiner inneren Welt aufrührt ohne sie zu reinigen oder zu ordnen. Er wirbelt alles Nebelige, im Halbdunkel Verschwimmende auf. Er bleibt in den Sümpfen der Astralebene stecken und weiß sich nicht darüber zu erheben, um das Licht des Mentalbereiches zu erblicken!

Also gilt es, einen Meister zu finden, der euch die besten Arbeitsmethoden gibt, damit ihr im geistigen Leben vorankommt... Die besten Methoden sind die ungefährlichsten und wirksamsten; vielleicht sind sie die langwierigsten, aber da-

für die dauerhaftesten. Leider sind die Menschen
ewig in Eile, sie haben weder Zeit noch Geduld
noch Vertrauen, um einen lichtvollen, natürlich
langsamen, aber doch sicheren Weg einzuschlagen. Sie haben es eilig, sie wollen im Handumdre-
hen Medium, Magier oder Hellseher werden, genau wie man Hand- oder Fußpfleger wird...! Und
sobald sie ein winziges Resultat erzielt haben,
machen sie damit viel Aufsehen. Auf diese Weise
täuschen sie viele Menschen, denn die breite
Masse hat kein Unterscheidungsvermögen und
nimmt alles an.

Das Wesentliche ist nicht, intelligent, reich
oder mächtig zu sein, sondern einen guten Führer
zu besitzen, denn dann könnt ihr das Ziel mit Si-
cherheit erreichen. Werdet ihr dagegen nicht richtig geführt, besteht immer die Gefahr, irgendwo
»auf die Nase zu fallen«, selbst wenn ihr alle
möglichen guten Eigenschaften, wie Kraft, Verstand, Güte usw. besitzt.

III

SPIELT NICHT DEN ZAUBERLEHRLING!

Jesus sagte: »Werft eure Perlen nicht vor die Säue (Mt 7,6).« Mit den Perlen sind die tiefen Wahrheiten der Einweihungslehre gemeint, für deren Aufnahme nicht alle Menschen vorbereitet sind. Wenn ihr sie dennoch enthüllt, wird man sie nicht zu schätzen wissen und euch obendrein zerreißen. Es ist deshalb riskant, unvorbereiteten Menschen geistige Wahrheiten zu enthüllen. Alle Eingeweihten und großen Meister mussten die Folgen der Enthüllungen, die sie den Menschen machten, bedenken. Wenn eine Wahrheit auch Vereinzelte erleuchten kann, so ruft sie doch bei den meisten eine gefährliche Gärung hervor.

Die vier Worte: Wissen, Wollen, Wagen und Schweigen enthalten die Quintessenz der Einweihungen der Vergangenheit. Warum schweigen? Nun, weil die durch Wissen, Wollen und Wagen gewonnenen Entdeckungen eine solche Macht besitzen, dass es gefährlich wäre, sie Menschen zu offenbaren, die dazu noch nicht aufnahmefähig sind oder böse Absichten haben. Ja, das »Schweigen« weist auf die unermessliche Bedeutung dieses Wissens, Wollens und Wagens hin. Es ist traurig, dass die Menschen dazu neigen, die besten Dinge für die übelsten Unternehmungen auszunutzen. Sie schaffen es immer irgendwie, dass alles, was zu ihrem Wohl dienen könnte, am Ende nur zu ihrem Untergang beiträgt. Schaut einmal, wie viele Forscher bereuen, ihre Entdeckungen bekannt gegeben zu haben, weil diese sofort für zerstörerische Zwecke verwendet wurden! In Zukunft wird dies anders sein, dann wird es heißen: »Wissen, wollen, wagen und... reden!« Da die Menschen dann höher entwickelt sein werden, wird man ihnen die größten Offenbarungen machen können, die dann wunderbare Auswirkungen auf sie haben werden. Aber bis dahin sollte man schweigen und den Rat Jesu, die Perlen nicht vor die Säue zu werfen, befolgen.

Ihr werdet sagen: »Aber man kann die Menschen doch nicht einfach im Dunkeln tappen lassen!« Natürlich nicht, aber man muss wissen, dass alle Geheimnisse der Einweihungslehre in den Händen von egoistischen, selbstsüchtigen und grausamen Menschen, die sie nur für ihre eigenen Interessen und auf Kosten anderer benutzen würden, zu gefährlichen Waffen werden können.

Denn seht einmal, wie es in der Welt zugeht. Heute erscheinen viele Schriften, die die Macht der Gedanken enthüllen (wie sie die Menschen beeinflussen, wie sie Gegenstände verrücken können usw.). Und schon gibt es angeblich Arbeitsgruppen, die sich in diesem Bereich üben. Sie wollen zum Beispiel Sportler bei Olympischen Spielen beeinflussen, damit die einen gewinnen und die anderen verlieren. Aber das ist ganz einfach schwarze Magie. Keiner ist berechtigt, die Macht der Gedanken für derartige Zwecke auszunutzen.

Sobald neue Entdeckungen gemacht werden, gibt es immer irgendwelche Leute ohne Moral und Gewissen, die davon profitieren wollen, um Macht zu erlangen und andere zu unterdrücken. Im Menschen äußert sich immer wieder die schon vorgeschichtliche Neigung, alle ihm zur Verfügung stehenden Mittel zu benutzen, um seine Vorherrschaft zu sichern. Sein erster Impuls treibt ihn nicht zur guten, sondern immer zur bösen Tat. Deswegen mache ich mir keine Illusionen. Die augenblickliche Neugierde und das Interesse für okkulte Wissenschaften bedeuten keinen Fortschritt auf dem geistigen Weg. Nein, im Gegenteil, für viele ist es sogar ein Absturz in die schwarze Magie.

Vor einiger Zeit besuchte mich ein junger Mann von etwa dreißig Jahren, damit ich ihn von

einem Fluch befreie. Eine ältere Frau hatte ihn angeblich verwünscht und keine der bisher aufge-
suchten Personen hatte ihm helfen können, sodass
man ihm geraten hatte, sich an mich zu wenden...
Ich stellte ihm zunächst einige Fragen über seine
Tätigkeit und sein Wissen, worauf er mir antwortete, dass er Alchimist sei, alles kenne, nichts
mehr zu lernen brauche und sogar den Stein der
Weisen gefunden habe. Tatsächlich zeigte er mir
ein schwarzes Pülverchen in einer schwarzen
Dose. Ich fragte: »Aber der Stein der Weisen ist
doch rot, was soll denn das sein?« »Oh, erwiderte
er, es kann auch ein wenig rot werden!« Ich war
über seine Unwissenheit verblüfft und sagte: »Hören Sie, wenn Sie wirklich den Stein der Weisen
gefunden hätten, wären Sie jetzt nicht in diesem
Zustand und hätten es nicht nötig, jemanden aufzusuchen, um sich von einem Fluch befreien zu
lassen. In Wirklichkeit besitzen Sie nicht das geringste wahre Wissen. Sie haben sich in Bücher
vertieft, die Sie nicht einmal verstehen und wollen
mit dem Feuer spielen. Und dies ist nun das Resultat!«

Wie vielen Menschen bin ich in Paris begegnet, die sich nur für die okkulten Wissenschaften
interessierten! Sie waren stolz, als Astrologen, Alchimisten oder Kabbalisten zu gelten, ohne sich
darüber im Klaren zu sein, dass ihr ganzes Dasein,
ihr ganzes Wesen, ein furchtbares Chaos dar-

stellte. Deshalb kann ich allen nur den einen Rat geben: Lasst die okkulten Wissenschaften in Frieden. Man soll sein Wissen im täglichen Leben beweisen, und zwar durch sein Verhalten und seine Einstellung. Die wahre Wissenschaft liegt in der Selbstbeherrschung, im Überwinden bestimmter Schwächen, um nicht ewig das Opfer innerer Unstimmigkeiten zu sein.

Da hättet ihr nur den jungen Mann sehen sollen: seine Augen, seinen Blick, seinen Gesichtsausdruck... Im Grunde genommen tat er mir Leid, aber ich konnte nichts für ihn tun. Wenn sich der Mensch selbst keine Mühe geben will, nützt es nichts, wenn ein anderer – und sei es der größte Meister – versucht, ihn zu befreien. Das habe ich ihm gesagt und hinzugefügt: »Sie geben eine Verwünschung vor, um Ihren Zustand zu rechtfertigen. Sie haben sich selbst in diese bedauernswerte Situation gebracht, denn Ihnen sind die chaotischen Verhältnisse, in denen Sie stecken, ganz lieb. Es liegt nur an Ihnen, sich davon zu lösen. Ich kann Ihnen als Hilfe nur eine Philosophie geben, das ist das Einzige, was ich für Sie tun kann. Sie finden sie in meinen Büchern, also lesen Sie, überlegen Sie, und wenn Ihnen die Dinge klarer erscheinen, dann kommen Sie wieder. Im Moment würde ein weiteres Gespräch zu keinem Ergebnis führen.«

Manche werden meine Handlungsweise grausam finden. Nein, er musste sich zuerst selbst entschließen, in seinem Inneren Ordnung zu schaffen. Ein Meister ist nicht dazu da, seine Zeit und seine Kraft Leuten zu widmen, die sich für große Eingeweihte halten, ein ungeregeltes Leben führen und nicht zur geringsten Eigenarbeit bereit sind, um Ordnung und Reinheit in sich zu schaffen. Diese Menschen fallen der eingeschlagenen Richtung und den heraufbeschworenen bösen Geistern als Erste zum Opfer. Es gibt Millionen solcher Menschen auf der Welt, und was würde geschehen, wenn sie alle hierher kämen, weil sie gehört haben, dass hier jemand ist, der sie befreien kann, ohne dass sie selbst auch nur einen Finger zu krümmen brauchen? Nein, Bonfin darf keine psychiatrische Klinik werden! Es ist nicht meine Arbeit, mich mit Geisteskranken zu beschäftigen. Es gibt andere, die sich um sie kümmern können und es auch tun.

Mit diesem Fall möchte ich vor allem auf die Gefahren hinweisen, die eine verfrühte Anwendung okkulter Wissenschaften für die meisten Leute mit sich bringt. Ich denke, dass sich später hier jeder in dem Bereich spezialisieren kann, zu dem er sich am meisten hingezogen fühlt: Alchimie, Magie, Astrologie oder auch Hellsehen, »Medium-Sein«, Magnetismus usw. Aber so weit sind wir noch nicht. Denn bevor man sich in derartiges Wissen vertieft, muss man erst einmal lernen, wie man sich ernährt, wie man atmet, liebt, denkt und handelt, und dann kommt erst das Wissen, eine umfangreiche, unendliche Wissenschaft. Das Wichtigste ist, richtig zu leben, um stark zu werden. Solange man nicht bestimmte Eigenschaften entwickelt hat, um das Wissen richtig anzuwenden, bedeutet es sogar eine Gefahr.

Der eine möchte zum Beispiel seine vorherigen Leben kennen lernen. Sicher, das könnte ihm helfen, bestimme Ereignisse in seinem jetzigen Leben besser zu verstehen; aber wenn das Wissen um frühere Leben wirklich nützlich wäre, hätte die Intelligenz der Natur keinen Schleier über das Erinnerungsvermögen der Menschen gebreitet! Wenn es tatsächlich so wichtig wäre, hätte sie den Schleier weggelassen und jeder könnte sich erinnern. Was meint ihr, was dabei herauskäme, wenn beim heutigen Stand der Dinge die Menschen sich an ihre früheren Leben erinnern würden? Wenn zum Beispiel jemand entdecken würde, dass dieser oder jener ihm Böses getan, ihn bestohlen oder sogar umgebracht hat, könnt ihr euch wohl vorstellen, was passieren würde? Denn die Menschen haben Tugenden wie Barmherzigkeit, Milde oder Großzügigkeit noch nicht genügend entwickelt. Es gäbe aufs Neue endlose Streitereien. Wenn der Mensch sich dagegen an nichts erinnert, weiß er nicht, dass sein schlimmster Feind aus einer früheren Inkarnation jetzt ein Mitglied seiner Familie ist – denn das kommt oft vor –, und so geht alles gut. Dank ihrer Unwissenheit können sie ihre Angelegenheiten leichter ins Reine bringen.

Wissen ist oft gefährlich. Das einzige Wissen, das euch wirklich nützlich ist, ist das Wissen, das euch die Gesetze des Lebens enthüllt, ohne euch in andere Versuchungen zu führen, die euch am Fortschreiten hindern könnten. Viele wären gerne hellsichtig. Aber die Hellsichtigkeit ist die schrecklichste aller Fähigkeiten, wenn sie zu früh entwickelt wird. Denn dann seht ihr nur die schrecklichen, furchterregenden Welten der Astralebene und leidet darunter so, dass ihr den Herrn bittet, euch diese Gabe wieder zu nehmen. Solange ihr nicht weit genug fortgeschritten seid, um euch so weit zu erheben, dass ihr die göttliche Welt schaut, werdet ihr unglückliche Opfer sein. Denn es ist grauenhaft, einen Blick auf das zu werfen, was im Herzen und im Sinn der Menschen alles ersonnen wird. Das Sehen allein genügt nicht, man muss auch fähig sein, dem Gesehenen zu widerstehen. Nur unter der Bedingung, die nötige Kraft und Reinheit zu besitzen, könnt ihr die Hellsichtigkeit gefahrlos entwickeln, denn dann habt ihr sogar Macht über die bösen Geister.

Ich weiß, viele fragen sich, warum ich die Ausübung okkulter Wissenschaften nicht stärker betone, denn das erwarten sie von mir. Sie wissen nicht, dass sie etwas wünschen, was nicht besonders nützlich ist – oder sogar schädlich für sie sein kann. Sie sollten mir Vertrauen schenken und mir die Dinge überlassen; ich habe einen Plan und nach diesem Plan wird alles geschehen. Die Menschen sind wie die Kinder; sie fühlen sich immer von dem angezogen, was sie verletzen oder krank machen kann. Unter dem Einfluss eines Buches will man sofort die eine oder andere Übung durchführen, aber die okkulten Wissenschaften sind ein sehr gefährlicher Bereich. Nur die Anleitung durch sehr hohe Wesen kann euch vor den Gefahren schützen. Aber sie akzeptieren euch erst dann, wenn sie sehen, dass ihr uneigennützig seid und an euch gearbeitet habt, um euch zu reinigen. Sie kümmern sich nicht um den erstbesten Idioten oder habsüchtig Gierenden, der die Kräfte der unsichtbaren Welt zur Befriedigung seiner Launen benutzen will.

Die meisten Menschen, denen ich begegnet bin – und Gott weiß, wie viele das sind! – zeigen durch ihre Haltung, ihre Äußerungen und ihre Anspielungen, dass sie nur nach Macht streben. Keiner will Güte, Liebe oder Reinheit erlangen, denn das bringt keine materiellen Vorteile. Und doch sind es gerade diese Tugenden, die vor allen Gefahren schützen und Segen bringen. Aber das sehen sie nicht, und wenn man es ihnen erklärt, wollen sie es nicht wahrhaben. Auf jeden Fall warne ich euch: Erwartet nicht, dass ich jemals auf etwas anderem bestehe, als auf diesen Tugenden. Egal ob sie als vorteilhaft angesehen werden oder nicht, wir werden noch jahrelang an diesen unnützen und uninteressanten Tugenden arbeiten und all die schönen Dinge, die uns die okkulte Wissenschaft anbietet beiseite lassen... Und eines Tages wird man sehen, wer Recht hatte.

Viele Medien sind in einem bedauernswerten Zustand, weil sie gegen die Geister der unsichtbaren Welt völlig wehrlos sind! Empfindungsvermögen zu besitzen ist gut, aber ohne geschulten Willen und Widerstandskraft ist man verloren. Um Wahrsagen zu können, wollen sie sich, wie sie sagen, den Geistern überlassen. Aber wisst ihr, es gibt alle möglichen Arten von Geistern. Manche wollen von den widerstandslosen Menschen profitieren, um sich ihrer zu bedienen, sie zu täuschen und ihnen ihre Kräfte zu rauben. Und nach einigen Jahren sind diese armen Medien dann völlig durcheinander. Sie scheitern in dem einen oder in dem anderen Bereich: entweder fangen sie an zu trinken oder sie führen ein ausschweifendes Leben oder sie haben Halluzinationen oder sie verlieren ihre Gesundheit... Bevor man sich an bestimmte Versuche begibt, sollte man die damit verbundenen Gefahren kennen, denn das einfache Hingezogensein zu bestimmten Aspekten der okkulten Wissenschaft genügt nicht. Alle wahren Meister können euch das bestätigen. Aber wenn sie sehen, dass ihr so weit seid, lüften sie selbst den Schleier und dann liegt alles, was ihr sehen und kennen lernen wolltet, greifbar nahe vor euch.

Einige haben zum Beispiel von der Kundalini-Kraft gehört, die die indischen Yogis zu erwecken lernen, und wollen diese Kraft sofort in sich selbst auslösen, ohne zu wissen, wie viel Läuterungsarbeit dies voraussetzt. Was wollen sie mit der Kundalini-Kraft anfangen? Sie werden von ihr verbrannt, das ist alles! Diese Erfahrung habe ich gemacht, als ich noch sehr jung war. Als ich siebzehn Jahre alt war, machte ich tagelang Atemübungen, und eines Tages erwachte ganz plötzlich die Kundalini-Kraft. Es war ein schreckliches Gefühl, so als würde mein Gehirn verbrennen, und ich hatte große Angst. Dann setzte ich meine ganzen Kräfte ein, sie wieder einzuschläfern! Ja, es war eine riesige Anstrengung, aber ich habe es geschafft. Die Kundalini-Kraft kann auch in Menschen erwachen, die auf dem geistigen Pfad noch nicht besonders weit fortgeschritten sind. Sie kann auch zufällig erwachen, und da sie eine ungeheure Kraft darstellt, kann der Unvorbereitete durch sie verrückt werden oder sogar bis in die Hölle hinabgezogen werden. Dieses Erlebnis in meiner Jugend hätte für mich das größte Unglück sein können, wenn es mir nicht gelungen wäre, diese Kraft wieder zum Ruhen zu bringen. Zum Glück wachte der Himmel über mich!

Meine lieben Brüder und Schwestern, habt es also nicht so eilig, mit den okkulten Wissenschaften herumzuexperimentieren. Beginnt damit, euch mit der Reinheit und dem Licht zu verbinden, dann könnt ihr eines Tages im geistigen Bereich alles realisieren.

IV

SPIRITUALITÄT NICHT MIT EXOTIK VERWECHSELN

I

Der Westen wird mehr und mehr von orientalischen Lehren überflutet. Ich bin der Letzte, der den Wert dieser Lehren und der jahrtausendealten Übungen leugnen würde. Alle bedeutenden Religionen und Philosophien aus Indien, Tibet, China und Japan hatten den höchsten Grad in der Spiritualität und im Denken erreicht. Aber ich bezweifle die Wirksamkeit dieser Yoga, vor allem für den westlichen Menschen, und zwar die Art und Weise, wie sie ausgeführt werden – selbst wenn sie von Hindus, Tibetern oder Japanern gelehrt werden. Für die meisten bleiben es äußerliche, oberflächliche Übungen. Wie kann man sich nur einbilden, dass man durch einige Asanas (Stellungen), Mudras (Gesten) und das Aufsagen von Mantras ein anderer Mensch werden kann? Einige werden sagen, dies seien die Stellungen Buddhas, als er, unter einem Feigenbaum meditierend, erleuchtet wurde. Meinetwegen, das kann schon sein, aber zuallererst muss man berücksichtigen, wer Buddha überhaupt war. Weder seine Stellun-

gen noch seine Bewegungen machten ihn zum
Buddha, sondern seine außergewöhnlichen Eigenschaften, und diese hätten sich bei ihm in egal
welcher Stellung offenbart.

Ich will damit nicht bestreiten, dass bestimmte
Stellungen und Bewegungen die Aufnahmefähig-
keit des Menschen für bestimmte kraftvolle und
wohltuende Strömungen fördern, aber das ist
nicht das Wesentliche. Wenn ein Mensch keine
wahre Veranlagung für das geistige Leben besitzt,
kann keine Übung diese Lücke füllen.

Als ich in Japan war, habe ich einige Tage in
einem buddhistischen Zen-Kloster verbracht. Bei
den Mönchen dieses Klosters – wie übrigens bei
fast allen Zen-Mönchen, die ich getroffen habe –
fiel mir vor allem die Ausdruckslosigkeit ihrer
Gesichter nach der Meditation auf. Sie waren
nicht durch das geringste Licht erhellt, kein Leben
regte sich in ihnen, bei manchen waren die Ge-
sichtszüge sogar hart. Ich möchte mich natürlich
nicht über eine Disziplin äußern, die ich nicht gut
kenne; aber vom Standpunkt der wahren Einweihungslehre ist eine Meditation nicht besonders
nützlich, wenn sie keinen Kontakt zur göttlichen
Welt herstellt und keine Spuren von mehr Liebe
und hellerem Licht hinterlässt.

Ihr werdet einwenden, dass der Za-Zen sich
zum Ziel gesetzt hat, den Denkvorgang anzuhal-
ten und eine innere Leere herzustellen. Leider

finde ich, dass man diese Leere in bestimmten Fällen zu sehr spürt. Es kann doch nicht das Ziel des Lebens sein, sich hinzusetzen und Leere in sich entstehen zu lassen. Ich bestreite nicht, dass sie ab und zu nützlich ist, aber auch dann gibt es über diese Übung noch viel zu sagen. Ihr dürft nie vergessen, dass die Leere da ist, um aufgefüllt zu werden. Sobald irgendwo eine Leere entsteht, wird sie sofort von einem anderen Element aufgefüllt. Wenn ihr also Leere in euch entstehen lasst, ohne euch vorher gereinigt zu haben, zieht ihr das an, was eurem inneren Durcheinander entspricht: dunkle, bösartige Wesenheiten, gegen die ihr euch nicht zu verteidigen wisst.

Dass man für den Himmel eine leere Schale sein will, die er mit seiner Pracht füllt, ist sehr schön; aber erst muss man dafür die Voraussetzungen schaffen. Wenn ihr die Leere in euch entstehen lassen wollt, müsst ihr das weibliche Prinzip in euch entwickeln, welches passiv und empfänglich ist. Die Vorbereitungsarbeit jedoch müsst ihr mit dem aktiven, ausstrahlenden männlichen Prinzip durchführen, das heißt mit dem Willen, dem Wunsch, euch zu verteidigen. Man muss sich darüber bewusst sein, dass im geistigen Leben der Umgang mit diesen beiden Prinzipien notwendig ist und sollte deshalb wissen, wann man empfangsbereit und wann man ausstrahlend sein soll, wann man Schwingungen aussenden und wann man sie auffangen soll. Wenn die Menschen in Unordnung leben, wenn sie angespannt, haltlos oder krank sind, ist dies darauf zurückzuführen, dass sie nicht mit den beiden Prinzipien umzugehen, sie nicht auszugleichen und anzupassen wissen.

In der unsichtbaren Welt treiben sich schreckliche Kreaturen herum, die durch die Gedanken und Gefühle von Kriminellen oder Schwarzmagiern geschaffen wurden, und die versuchen, überall dort einzudringen, wo sie eine offene Türe finden, das heißt bei schwachen Wesen, die sich nicht zu verteidigen wissen. Folglich kann man sich erst dann gefahrlos darin üben, eine innere Leere zu schaffen, wenn man sich gereinigt hat und stark geworden ist, damit man den dunklen Wesenheiten nicht zum Opfer fällt. Übrigens weisen bestimmte christliche Symbole, wie der Gralskelch, darauf hin, dass die Leere nicht ausschließlich in östlichen Traditionen wie zum Beispiel dem Zen-Buddhismus praktiziert wurde. Der Gralskelch verbirgt eine ganze Wissenschaft. Die Schale ist das weibliche Symbol, es fordert den Jünger auf, sich in einen empfänglichen Zustand zu versetzen, um die kosmische Quintessenz, das Blut, den Geist Christi aufzunehmen. Wer den Christusgeist empfängt, wird zum Heiligen Gral, dann ist sein ganzes Wesen ein Kelch, in dem Christus wohnt.

Wie ihr seht, ist die Frage der inneren Leere für viele unklar. Man darf sich nicht in geistige Übungen stürzen, nur weil sie zur Zeit Mode sind. Zen ist ebenso wie die verschiedenen Yoga-Arten eine sehr alte Disziplin, die von außerordentlich hoch entwickelten geistigen Lehrern ausgearbeitet wurde, die aber heute selbst in ihren Ursprungsländern nicht mehr im gleichen Geiste praktiziert wird. Ich finde es sehr bedenklich, wie der Westen sich auf diese Übungen stürzt. Denn wenn man sich einbildet, dass ein paar Körperstellungen ohne genaue Kenntnis der Struktur des Menschen und seiner Beziehungen zum Universum, ohne strenge Lebensregeln und ein hohes Ideal der Liebe und Brüderlichkeit genügten, um große geistige Resultate zu erzielen, dann macht man sich ebenso viele Illusionen wie jener, der glaubt, dass der Heilige Geist sich in einem Christen niederlässt, nur weil dieser jeden Sonntag zur Messe geht, niederkniet, sich mit Weihwasser bekreuzigt und das Abendmahl empfängt.

Die Abendländer fühlen sich immer weniger zur Tradition der christlichen Religion hingezogen und glauben, mit einer östlichen Lehre zu einer höheren Geistigkeit zu gelangen. Nun, ihr müsst wissen, dass man auch als Christ ein großer Spiritualist sein kann, und dass man leider auch alle möglichen Yoga-Arten ausüben kann, ohne jemals erleuchtet zu werden.

II

Nehmt eine Orange: Wenn die Wissenschaft oder philosophischen Systeme sich über sie äußern sollen, werden sie euch eine Menge Erklärungen über Ursprung, chemische Aufbaustoffe, Gewicht, Form, Eigenschaften, verschiedene Verwendungsmöglichkeiten, Geschichte, symbolische Bedeutung usw. geben. In der Theorie entgeht ihnen nichts, aber sie vergessen das Wesentliche: sie zu kosten! Ich weiß nichts von der Theorie, aber ich esse die Orange und mache mir daraus einen wahren Festschmaus. Warum macht ihr es nicht genauso: Seid weniger belesen, aber esst!

Selbst wenn die Menschen sich dem Geistigen zuwenden wollen, können sie sich nicht von den Gewohnheiten befreien, die an den Universitäten gepflegt werden: Wissen ansammeln, über dies und jenes informiert sein, alles in Angriff nehmen und über alles Bescheid wissen, ohne jemals an sich selbst zu arbeiten. Gewiss, gerade aufgrund ihrer Neugierde haben die Menschen ungeheure intellektuelle Fortschritte gemacht. Für das geistige Leben jedoch ist ein solches Vorgehen ungeeignet.

Wer eine erfolgreiche geistige Arbeit leisten will, der muss sich an eine einzige Philosophie, an ein einziges System halten und dieses vertiefen, denn sonst reagiert der psychische Organismus genau wie der physische. Wenn ihr alles Mögliche durcheinander esst, wird euch übel und ihr müsst euch übergeben. Das Gleiche gilt für den psychischen Magen, denn wie soll er wohl eine Mischung aus ägyptischer, hinduistischer, tibetischer, chinesischer, gnostischer und aztekischer Tradition, die außerdem noch von Theosophie, Anthroposophie und wer weiß was noch allem durchzogen ist, verdauen können? Wenn ihr wenigstens ausreichende geistige Fähigkeiten hättet, um euch in all dem zurechtzufinden! Aber die meisten können sich noch nicht einmal von einem einzigen philosophischen System eine klare Vorstellung machen und schon vermengen sie alles: Kabbala, Zen, Druiden, Alchimie, Katharertum, Freimaurer, Tarot usw.!

Sogar unter euch sind einige bereit, Lieder und Gebärden anderer Traditionen anzunehmen, ohne sich bewusst zu sein, dass sie dadurch alle möglichen dunklen Geister heraufbeschwören. Das ist traurig, denn es beweist, dass ihr euch auf alles Mögliche einlassen würdet, wenn ich nicht da wäre, um aufzupassen. Ihr würdet dem ersten Besten, der euch mit großen Gesten und Zauberkünsten beeindruckt, ohne Bedenken folgen, ohne darüber nachzudenken, wohin euch das führt. Wir dürfen gewisse Praktiken oder Riten, wie zum Beispiel den Wodu, nicht deshalb annehmen, weil sie jetzt im Westen allgemein bekannt sind und Mode werden. Bei sich zu Hause, in ihren Eingeborenenstämmen und auf ihren Inseln können sie meinetwegen machen, was sie wollen, aber hier in der Universellen Weißen Bruderschaft dulde ich so etwas nicht.

Viele beschuldigen heute die Spiritualität, die Menschen aus dem Gleichgewicht zu bringen. Aber sie kann nichts dafür, wenn die Menschen absolut nicht begreifen wollen, dass sie kein Jahrmarkt ist, auf dem man allerlei Attraktionen findet – auch die gefährlichsten, wie Drogen, schwarze Magie oder Erotik. Versteht dies richtig, wahre Spiritualität besteht darin, selbst Ausdruck der göttlichen Lehre, der man folgt, zu werden.

Als ich 1938 in Paris anfing, Vorträge zu halten, kamen viele Zuhörer, die sich schon zahlreiche andere Lehren angehört hatten. Sie kamen also auch zu uns, und als sie nach einiger Zeit glaubten, alles gelernt zu haben, was es zu lernen gab, gingen sie woanders hin, um weitere Kenntnisse zu sammeln...! Wie kann man unter solchen Bedingungen eine innere Arbeit verrichten? Einigen bin ich nach Jahren wieder begegnet. Sie waren überall und nirgends gewesen und ihr zerfurchtes Gesicht zeigte, dass sie keinerlei Fortschritte im Sinne der wahren Spiritualität gemacht hatten.

Die Geschichte des sich über Jahrhunderte und Jahrtausende erstreckenden Strebens der Menschheit, die Mysterien des Universums zu ergründen und sich der Gottheit zu nähern, mag interessant und sogar nützlich sein, aber das Wissen darum genügt nicht. Da alle Religionen und philosophischen Systeme nur von Herrlichkeit und Vollkommenheit reden, hat man die Aufgabe, dieses Ideal zu verwirklichen. Wenn man manche Menschen über die Größe und Weisheit der Eingeweihten der Vergangenheit reden hört und sieht, dass sie selbst ganz offensichtlich klein, engherzig und schwach geblieben sind und nicht verstehen, ihr eigenes Leben vernünftig einzurichten, muss man wirklich staunen. Wieso merken sie nicht, dass sie sich lächerlich machen und dass dies nichts mit Spiritualität zu tun hat?

Jetzt versteht ihr hoffentlich, warum ich nicht möchte, dass die Bruderschaft ein Jahrmarkt wird, auf dem man alle möglichen Theorien und Praktiken kunterbunt durcheinander findet. Ihr werdet vielleicht in unserer Lehre auf Ideen und Methoden stoßen, die bereits in anderen Formen der Spiritualität existieren. Das ist normal, denn bestimmte grundlegende Wahrheiten sind überall zu finden. Nur darf man das Wesentliche nicht mit dem Nebensächlichen verwechseln, und das Wesentlichste ist und bleibt die Arbeit an sich selbst.

In den heiligen Stätten der Vergangenheit überlasteten die Eingeweihten ihre Schüler nicht mit Wissen. Sie enthüllten ihnen nur wenige grundlegende Wahrheiten, die diese sich einprägen und selbst erleben mussten. Der Meister legte seine ganze Liebe, seine ganze Seele und seinen ganzen Geist in seine Worte, und der Schüler nahm sie an, kostete sie, ließ sie in sich Platz greifen und lebte sie. Er nährte sich viel mehr von dem, was hinter den Worten lag, als von den Worten selbst. Heute haben vor allem die westlichen Menschen das Gespür für das den Worten innewohnende Leben verloren, mit dem sie sich nähren, kräftigen und verändern können. Sie machen kühl ihre Notizen, ohne auch nur das Geringste gefühlt oder erlebt zu haben. Und so gehen sie am Leben, das sie hätte erleuchten, heilen und erheben können, vorbei; es zieht an ihnen vorüber, wendet sich anderen zu. Eure Seele und euer Geist müssen an erster Stelle stehen, nicht euer Intellekt, dann könnt ihr euch eines Tages ganz einfach dank einiger ausgesprochener Worte frei im Raum bewegen.

Der Unterschied zwischen einem Intellektuellen und einem wahren Spiritualisten besteht darin, dass der Intellektuelle die waagrechte Linie wählt. Indem er ständig das Feld seines Wissens erweitert, bleibt er an der Oberfläche. Der Geistschüler dagegen, der die senkrechte Linie wählt, beginnt zu graben... und gräbt so lange, bis er eines Tages auf Öl stößt. Dann wird er Multimillionär, während die anderen trotz ihrer vielen Hektare Land in Armut leben. Nun, wenn ihr euch wie wir für die Senkrechte entscheidet und in die Tiefe vordringen wollt, wird das Erdöl sprudeln, und bald wird man es kostenlos auf der ganzen Welt verteilen können. Da haben der Iran und Saudi-Arabien eben Pech gehabt, wir machen ihnen Konkurrenz: Erdöl gratis...! Nun, versteht dies, wie ihr wollt...!

V

VOM AUSGLEICH ZWISCHEN
GEISTIGER UND MATERIELLER WELT

Der Mensch ist offensichtlich für das materielle Leben besser ausgerüstet als für das geistige. Seine Fähigkeiten, seine fünf Sinne, die ihm das Dasein und die Arbeit auf der physischen Ebene ermöglichen, sind sehr viel stärker entwickelt als jene, die für den geistigen Bereich bestimmt sind.

Wenn ihr ein Haus baut, kann es in einigen Wochen fertig sein, wenn ihr jedoch in der geistigen Welt etwas schaffen wollt, könnt weder ihr selbst noch die anderen etwas davon sehen. Es gibt also keinerlei Gewissheit oder Klarheit, und oft seid ihr so unschlüssig, unglücklich und von Zweifeln geplagt, dass ihr am liebsten alles aufgeben und wie alle anderen Menschen etwas tun würdet, das für jedermann sichtbare Resultate bringt. Nun, tut was ihr wollt, aber eines Tages werdet ihr merken, dass euch innerlich selbst beim größten Erfolg etwas fehlt. Und das ist ganz normal, denn ihr seid noch nicht auf das Wesentliche gestoßen; im Bereich des Lichts, der Weisheit, der Liebe, der Kraft und der Ewigkeit habt ihr noch nicht das Geringste hervorgebracht. Ihr müsst wissen, dass nur das, was ihr im Inneren verwirklicht habt, euer Eigen ist, denn nur dies hat in euch Wurzel gefasst. Wenn ihr dann ins Jenseits hinübergeht, könnt ihr die Edelsteine – gute Eigenschaften, Tugenden –, die eure Seele, euer Herz und euer Geist angesammelt haben, mitnehmen, und euer Name wird in das Buch des ewigen Lebens eingetragen werden.

Der Weg nach innen, das geistige Ziel hat drei Vorteile. Der hauptsächliche Vorteil liegt in der Kostbarkeit der von euch aufgenommenen Elemente; sie bestehen aus den reinsten und lichtvollsten Stoffen, die von Gott selbst kommen. Zudem gehören diese Teilchen euch wirklich, das heißt ihr seid sehr reich. Drittens befreit ihr euch dank dieses Reichtums und könnt in Frieden und Fülle leben.

Der Reichtum des Spiritualisten ist außerordentlich subtil und in keiner Weise greifbar. Aber wenn er sich seines Reichtums bewusst ist, ist er ebenso reich wie der Herr. Himmel und Erde sind sein, während andere nur irgendwo ein kleines Stückchen Land besitzen.

Es gibt also zwei Wege: Der eine bringt scheinbar nichts als Enttäuschungen, und dennoch gibt er euch alles, sodass ihr eines Tages sagen könnt: »Ich besitze nichts und trotzdem ist das ganze Universum mein!« Der andere Weg bringt euch zwar alles, was ihr begehrt, aber ihr bleibt ewig unzufrieden, denn ihr fühlt, dass euch das Wesentliche entgangen ist, selbst wenn ihr etwas besitzt.

Jeder, der etwas von seinem Handwerk versteht, wird sich bei auftretenden Schwierigkeiten sagen: »Ja, ja, das sind eben die Nachteile meines Berufs!« und seine Arbeit fortsetzen. Es ist allgemein bekannt, dass jeder Beruf seine Nachteile hat. Aber warum kennen die Spiritualisten die Kehrseite ihrer Arbeit nicht? Wenn sie sich entmutigen lassen und aufgeben wollen, beweist dies, dass sie die Nachteile nicht kennen, denn sonst hätten sie mit noch größerem Eifer weitergemacht.

Das Geheimnis liegt in dem Wunsch, zu lernen und sein Gesichtsfeld zu erweitern. Statt sich zu freuen, erschrecken viele, wenn sie den Umfang und die Größe einer geistigen Lehre erkennen und ziehen sich in ihr Schneckenhaus zurück. Ja, aber solche Leute werden nicht sehr weit kommen. Wenn ihr meint, dass es euch mit eurer bisherigen Einstellung besser erginge, irrt ihr: alle möglichen Ärgernisse werden euch stechen, beißen und plagen und euch antreiben, damit ihr endlich Fortschritte macht.

Viele haben mir gesagt: »Meister, Ihre Lehre ist großartig! Ich würde mich ihr gerne ganz und gar widmen, aber vorher muss ich noch einige Verpflichtungen gegenüber meinem Mann – oder meiner Frau, meinen Kindern usw. – erfüllen.« Gut, meinetwegen. Aber als ich sie nach zehn oder zwanzig Jahren wieder sah, hatten sie sich immer noch nicht von ihren Aufgaben lösen können. Manche waren sogar gestorben, ohne dem geistigen Leben auch nur eine einzige Minute gewidmet zu haben. Warum? Weil sie nicht richtig überlegten. Wer sich dem Licht zuwenden und einer göttlichen Lehre widmen will, der darf nicht warten, bis er dies oder jenes geregelt hat, denn nichts ist endgültig geregelt, es gibt immer noch irgendetwas, das nicht in Ordnung ist. Zögert also nicht, widmet euch jetzt gleich dem geistigen Leben, auch wenn nicht alles wie am Schnürchen läuft. Ihr werdet dann sehen, dass alles sich von selbst ordnet, ohne dass ihr wisst wie.

Im physischen Bereich könnt ihr machen was ihr wollt: Nichts ist ein für alle Mal geregelt. Es ist genauso, als wolltet ihr einen verbeulten Gummiball wieder rund machen: Sowie die Ausbuchtung auf der einen Seite verschwunden ist, taucht sie auf der anderen wieder auf. Ihr dachtet, ihr hättet nach der Hochzeit eurer Tochter eure Ruhe, aber nun versteht sie sich nicht mit ihrem Mann und will sich scheiden lassen. Was für Geschichten...! Oder die Enkelkinder kommen, das Haus wird zu klein, ihr müsst umziehen und so weiter und so fort...! Dann wird ein Kind krank... Glaubt mir, es nimmt kein Ende. Wartet also nicht ab, um euch dem geistigen Leben zu widmen, sondern wisst, dass euch gerade die Spiritualität hilft, für alle eure Probleme bessere Lösungen zu finden.

Man muss natürlich auch Maß halten können. Gestern sagte mir ein Bruder: »Meister, ich habe beschlossen, mein Leben von nun an so zu gestalten, dass ich meine Zeit und meine Energien nicht mehr für weltliche Dinge einsetzen muss.« Ich habe ihn beglückwünscht, ihm aber gleichzeitig empfohlen, es nicht in der anderen Richtung zu übertreiben. Die Welt und die Gesellschaft können nicht einfach ignoriert werden, denn sonst würde man asozial sein, wie ein Schmarotzer leben und das ist auch nicht ratsam. Man sollte inneres und äußeres Leben ausgleichen können. Auf dieses Problem bin ich schon in meiner frühesten Jugend gestoßen; und auch ihr müsst dafür eine Lösung finden, wie ihr auf der Erde leben und welche Verbindungen ihr zur Außenwelt unterhalten könnt, ohne dem Wesentlichen – eurer Seele und eurem Geist – den ersten Platz streitig zu machen.

Der Mensch offenbart seinen Verstand, seine Liebe und seine Willenskraft durch die Fähigkeit, materielle und geistige Aspekte auszugleichen, und nichts ist schwieriger. Der eine lässt sich von dem materiellen Leben verführen und vergisst darüber den Geist, der andere überlässt sich völlig dem geistigen Leben und vergisst die Materie. Es gibt aber eine dritte Lösung, und die muss jeder selbst finden, denn jeder Fall ist anders. Der innerste Kern aller Menschen ist natürlich derselbe, sie besitzen die gleiche Beschaffenheit, das gleiche Grundwesen und die gleichen Bedürfnisse. Sie stammen alle aus den Händen des Schöpfers – aus der gleichen Werkstatt, wenn ihr so wollt –, aber in Bezug auf Entwicklungsgrad, Temperament und Lebensaufgabe sind sie unterschiedlich, und jeder muss seine Probleme selbst lösen, ohne den Nachbarn imitieren zu wollen. Wer eine Familie gründen will, kann die Dinge nicht auf die gleiche Weise lösen wie jener, der lieber Junggeselle bleiben möchte, und wer viele körperliche Aktivitäten braucht, kann nicht das gleiche Leben führen wie jemand, der eher ein beschauliches, meditatives Temperament hat.

Jeder muss seinen eigenen Weg gehen und seine eigene Aufgabe erfüllen. Selbst wenn ihr euren Meister als Vorbild nehmt, müsst ihr euch trotzdem eurer eigenen Natur entsprechend entwickeln. Es geht nur darum, dass ihr nach der gegebenen Partitur singt, die Noten, den Takt und den Rhythmus beachtet, aber singen müsst ihr mit eurer eigenen Stimme, die der eures Meisters si-

cher nicht ähnlich ist, aber das ist völlig unwichtig. Das einzig Wichtige ist, die Partitur richtig zu
singen, das heißt, sich nach der einzigen und
wahrhaftigen Philosophie, der ewigen Lebens-
weisheit der Eingeweihten zu richten.

VI

DER MEISTER,
EIN SPIEGEL DER WAHRHEIT

I

Wenn der Mensch sich selbst nicht kennt, sich seiner Talente und Mängel, seiner Fähigkeiten und Unzulänglichkeiten nicht bewusst ist, wird ihm im Leben nicht viel gelingen, und er wird mit anderen keine harmonischen Beziehungen eingehen können. Daraus entstehen Schwierigkeiten, Zusammenstöße und Streitereien. Man kann sogar sagen, dass die schlimmsten Missgeschicke, die den Menschen zustoßen, auf mangelnde Selbsterkenntnis zurückzuführen sind, auf mangelndes Wissen, wer man ist, was man darstellt, wozu man fähig oder unfähig ist – gerade in Bezug auf die Einordnung der eigenen Person täuscht man sich ständig, und das ist sehr schlimm. Geschäfte, Ehen, Verbindungen und alle möglichen Handlungen drohen erfolglos zu bleiben, wenn ihnen keine klare Kenntnis der eigenen Natur – und natürlich auch der der anderen – zugrunde liegt. Die Weisheit beginnt mit der Selbsterkenntnis.

Aber wie soll man sich selbst erkennen? Der Mensch besitzt Organe, die zur Erkenntnis notwendig sind, aber er ist so gebaut, dass er sich selbst nicht sehen kann. Er sieht die Außenwelt und die anderen, nicht jedoch sich selbst. Wenn er sich selbst im physischen Bereich sehen will, braucht er etwas, das ihm sein eigenes Bild reflektiert, wie z.B. eine Wasseroberfläche oder einen Spiegel... Er kann sich also nur durch etwas sehen, das außerhalb seiner selbst ist. In der Psychologie gilt das Gleiche. Auch hier braucht der Mensch andere, um sich selbst zu erkennen. Aber da die anderen nie völlig klar sehen und nicht unbedingt uneigennützig sind, können sie keine einwandfreien Spiegelbilder zeigen und geben nur verzerrte Bilder wieder. Aus Gründen, derer sie sich selten bewusst sind, haben die Menschen Sympathien und Antipathien und übertreiben deshalb die guten und schlechten Eigenschaften der anderen. Wenn jemand euer Feind ist, seid ihr ihm dermaßen unsympathisch, dass er eure Fehler vergrößern und euch nicht die geringste Tugend zugestehen wird.

»Wenn das so ist, werden wir uns eben mit Hilfe von Büchern selbst kennen lernen.« – »Gut, aber es kommt darauf an, welche Bücher ihr wählt und auf welcher Ebene sie euch in eurer Selbsterkenntnis helfen können.« – »Also dann soll eben das Leben uns belehren.« – Ja, damit bin ich einverstanden, nur wird das viel Zeit kosten und euch sehr teuer zu stehen kommen. Ihr erfahrt ein bisschen mehr über euch selbst, aber der angerichtete Schaden ist dann nicht wieder gutzumachen. Ich rate euch einen anderen Weg, der äußerst ökonomisch, weise und wirksam ist: Bittet den Himmel, euch vor einen vollkommenen Spiegel zu stellen, das heißt vor ein Wesen von großer Opferbereitschaft und Uneigennützigkeit, dem nichts daran liegt, euch zu täuschen, euch auszunutzen. Ein solcher Spiegel ist ein wahrer Meister. Sucht einen Eingeweihten auf und fragt ihn: »Was bin ich? Was steckt in mir? Gegen welche Schwächen muss ich ankämpfen? Welche inneren Reichtümer und Fähigkeiten soll ich entwickeln? Welche Arbeit ist mir bestimmt?« Dann tritt der Weise, der vollkommen selbstlos ist, mit dem Himmel in Verbindung und gibt euch eine einwandfreie Antwort.

Wenn der Spiegel nun einige eurer Fehler reflektiert, dürft ihr dann wütend auf ihn sein? Nein, ganz im Gegenteil, dankt dem Himmel und sagt: »Oh! wie viel Katastrophen kann ich hierdurch vermeiden, wie viel Unheil den anderen und mir selbst ersparen!« Aber die Menschen wollen nicht wissen, wie sie wirklich sind, sie leben lieber in ihren Illusionen. Deswegen weiß ein Meister schon im Voraus, was ihn erwartet, wenn er den Mund aufmacht. Keiner sagt: »Sie haben Recht!« sondern alle erwidern: »Nein, nie im Leben, Sie

irren sich, das verhält sich gar nicht so.« Ja, ja, der
Meister irrt sich. Und sie haben Recht...!

Für einen Eingeweihten ist es sehr schwer, die
Menschen dazu zu bringen, die Wahrheit anzunehmen. Da kommt zum Beispiel eine Schwester
zu mir und bittet: »Meister, ich hätte gerne die
Fehler und Schwächen gewusst, die ich korrigieren muss.« »Sind Sie dann auch nicht beleidigt?«
– »Nein, nein, ich werde alles in Kauf nehmen.«
Ich sage ihr einige Worte und schon fängt sie an
zu weinen. Ich sage ihr: »Wenn Sie weinen, muss
ich aufhören, denn Sie sind dermaßen von ihrem
Kummer benebelt, dass Sie meine Erklärungen
weder hören noch begreifen.« Wer die Dinge verstehen will, muss seine Gefühle zum Schweigen
bringen, denn was kann man schon begreifen,
wenn man sofort beleidigt und bekümmert ist?

Und glaubt nicht, dass dies nur für diejenigen
gilt, die ich persönlich empfange. Wenn ich im
Saal rede, merke ich, dass manche mit meinen
Erklärungen unzufrieden sind und anstatt mir zu-
zuhören, sich in ihrer Unzufriedenheit verschlie-
ßen. Wenn ihr hier sowieso nichts hören und verstehen wollt, ist es unnötig, dass ihr hier
herkommt. Ihr solltet mit der Absicht kommen,
hier die euch noch unbekannten Wahrheiten zu
erfahren, die euch helfen können, euer Leben zu
wandeln. Dafür müsst ihr euch damit abfinden,
etwas durchgerüttelt zu werden... Wozu sollte es

gut sein, wenn ich euch immer bemitleiden und sagen würde: »Oh, mein armer Kerl, wie unglücklich du dran bist!« Wenn ein Kind hinfällt und sich verletzt, weint es natürlich ein wenig, und wenn man dann – um es zu trösten – sagt: »Ach, mein armer Liebling, das ist ja schrecklich, du hast dir weh getan«, dann weint es zehnmal so laut und zehnmal so lange! Sagt man ihm jedoch: »Das ist gar nicht so schlimm«, dann steht das Kind auf, der Schmerz ist vorbei und zwei Minuten später denkt es nicht mehr daran. Glaubt also nicht, den anderen immer bemitleiden zu müssen, denn oft ist dies das beste Mittel, Schwäche und Trägheit in ihm zu verstärken.

Ein Meister hat nicht nur die Aufgabe, viel Liebe und Sanftmut zu zeigen, er muss auch streng sein und seinen Schülern bestimmte Wahrheiten sagen, damit sie vorankommen und Fortschritte machen. Egal ob es den Schülern gefällt oder nicht! Wenn ich mich auch noch um eure Reaktionen und um eure Meinung von mir kümmern müsste, würde ich nie irgendetwas ausrichten. Einige haben mir gestanden, dass sie mich hassten, als ich ihnen ihre Schwächen aufzeigte. Sie können mich ruhig hassen, das macht nichts, ich habe einen Schutzpanzer. Aber wenn ich ihnen helfen will, muss ich sie durchrütteln. Welche Fortschritte könnten sie machen, wenn sie sich weiterhin einbilden würden, sie wären in Ordnung, obwohl sie sich in Wirklichkeit sehr durchschnittlich oder sogar tadelnswert verhalten? Es ist viel besser für sie, wenn sie bestimmte Wahrheiten kennen, auch wenn sie anfangs darunter leiden müssen... Dieses Leiden dauert nicht lange, aber durch die Selbsterkenntnis, die sie schließlich erwerben, können sie sich bessern und vorankommen. Eines Tages werden sie dann endlich gewahr, dass ich ihnen von großem Nutzen war, und dann werden sie mich sogar auf anderen Planeten suchen wollen, um mir zu danken!

Wenn ihr krank seid, akzeptiert ihr bittere Arzneien, die euch heilen. Im geistigen Bereich solltet ihr das Gleiche tun; ihr seid schon lange krank und braucht ein Heilmittel. Meinetwegen braucht ihr es nicht zu akzeptieren, aber dann werdet ihr eben nicht gesund.

Übrigens wäre der Himmel sehr unzufrieden mit mir, wenn ich alles ohne Einwand durchließe. Er würde mir sagen: »Du hast Angst, die Wahrheit beim Namen zu nennen, um diesen oder jenen nicht zu kränken, aber dann wird deinetwegen alles zusammenbrechen!« Von mir aus würde ich euch gerne angenehm sein, aber ich habe auch meine Pflichten und Verantwortungen. Außerdem ist ein Meister, der seine Augen zudrückt, nicht nützlich. Einem solchen Meister würde ich nie folgen! Wozu könnte mir ein Lehrer dienen, wenn er alle Dummheiten akzeptiert, ohne mich aufzuklären und zu korrigieren? Ihr seht, die Schüler haben keine Ahnung, was sie von ihrem Meister zu erwarten haben.

Ich weiß was ich tue, ich bin mir der Situation völlig bewusst. Ich weiß, dass ich eure Freundschaft gewinnen kann, wenn ich euch täusche und euch Komplimente mache wie: »Oh, Sie sind einmalig. Ich habe die ganze Welt bereist und nie einen Menschen getroffen, der so weise und intelligent war wie Sie.« Ich könnte sogar im Wörterbuch nachschlagen, um für euch seltene, poetische Worte zu finden... und dann würdet ihr mich verehren. Ich bin gar nicht so dumm, ich weiß, was für mich nützlich ist und was nicht. Und folglich weiß ich auch, was ich verliere, wenn ich aufrichtig zu euch bin, aber ihr seid diejenigen, die dabei gewinnen. Ich habe akzeptiert, etwas zu verlieren, damit ihr gewinnen könnt.

Warum braucht man ewig Komplimente? Woher kommt diese Schwäche? Man will sich selbst betrügen. Die Menschen müssen sich immer etwas vormachen, sie können ohne Selbsttäuschung nicht leben. Was wäre aus der Menschheit geworden, wenn sie sich nicht selbst täuschen würde? Wenn ihr einer alten gebrechlichen Frau sagt, sie sei ein altes Gemälde – was ja auch zutrifft –, wird sie euch dies niemals verzeihen. Aber wenn ihr versichert, sie sei noch hübsch, jung und bezaubernd, dann fängt das kleine alte Gemälde plötzlich an zu lächeln, zu lachen und herumzutänzeln und wenn sie reich ist, hinterlässt sie euch ihr ganzes Vermögen. Ja, für eine Lüge! Das soll nicht heißen, dass ich euch ein solches Verhalten empfehle. Nein, das ist nur eine Feststellung.

Die meisten Menschen sagen euch die Wahrheit über eure Fehler und Schwächen nicht ins Gesicht, weil sie Angst haben, eure Hilfe zu verlieren und sich euch zum Feinde zu machen. Hinter der liebenswürdigen Haltung steckt also eine eigennützige Absicht. Folglich behaltet ihr eure Fehler, die mit der Zeit nur noch größer werden. Ein wahrer Eingeweihter geht jedoch anders vor. Er ist völlig uneigennützig und hat deshalb keine Angst. Er hat nichts zu verlieren, er hat schon alles gewonnen, denn er kennt die Wahrheit. Er zögert also nicht, eure Schwächen aufzudecken und beim Namen zu nennen, was euch in den höllischen Gebieten zurückhält und euch daran hindert, in das Land des Lichts, ins Paradies aufzusteigen. Er hat den Mut euch zu sagen, was euch krank und unglücklich macht, denn er möchte euch Mittel und Methoden zur Verfügung stellen, damit ihr eure Lücken und Fehler verbessert.

Aber um seinem Schüler die Wahrheit zu sagen, geht der Meister natürlich nicht willkürlich vor. Anfangs gleicht der Schüler einem Kind, das seine Mutter braucht, um von ihr ernährt, beschützt und liebkost zu werden. Aber nach einiger

Zeit entwöhnt die Mutter das Baby, das sie stillt; ein Meister tut das Gleiche mit seinem Schüler. Ist das Gleichgültigkeit oder Grausamkeit? Nein, aber das Kind ist jetzt so weit, dass es sich selbst ernähren kann. Schaut auch einmal, wie es bei den Tieren zugeht: Die Mutter ist am Anfang außerordentlich zärtlich mit ihren Kleinen, aber nach einer Weile stößt sie ihre Jungen zurück und versetzt ihnen einige Hiebe mit der Pfote: »Fort mit dir, schlag dich alleine durch, du brauchst mich jetzt nicht mehr!«

Ein Eingeweihter sieht in seinen Schülern zuerst Kinder, die Zärtlichkeit und Ermutigungen brauchen. Später, wenn sie größer sind und etwas fester auf ihren Füßen stehen, versetzt er ihnen einige Schläge, das heißt er sagt ihnen die Wahrheit. Aber er verjagt sie nicht. Nein, er behält sie bei sich und feilt sie aus, formt und modelliert sie; oder um ein anderes Bild zu wählen: Er nimmt sie in Behandlung, gibt ihnen einige Spritzen und führt so manche Operation durch. Ja, so sieht die Wahrheit aus. Viele können sie nur sehr schwer anhören und verkraften. Aber für den Schüler, der beschlossen hat, sich weiterzuentwickeln und vorwärts zu kommen, ist sie eine Wohltat. Er fleht seinen Meister sogar an, ihm die Wahrheit zu sagen, denn er merkt, dass er von gewissen Dingen gehemmt und zurückgehalten oder sogar zu Dummheiten getrieben wird.

Nur diejenigen, die wirklich von der Gnade Gottes berührt sind, verlangen nach Wahrheit, selbst wenn sie schmerzlich ist. Wie oft entgegneten mir Brüder und Schwestern: »Nein, das stimmt nicht, so bin ich gar nicht!« als ich auf einige ihrer besonders stark ausgeprägten Fehler hinwies. Als ich aber von ihren Tugenden sprach, gaben sie mir Recht und waren von meinem Scharfsinn und meinen zutreffenden Bemerkungen angetan. Aber in Bezug auf ihre Fehler hatte ich mich geirrt!

Die Methode der wahren Eingeweihten ist also Folgende: Wenn es sein muss, sagen sie die Wahrheit und haben keine Angst, ihre Freunde damit zu verlieren. Und wenn die Freunde über die wahren Aussagen beleidigt, verletzt oder verbittert und nicht ehrlich und aufrichtig genug sind, um das Wahre anzuerkennen, ja, dann sollte man sie lieber verlieren. Was können einem Eingeweihten Freunde nützen, die sich selbst gegenüber unehrlich sind?

Nein, ein Eingeweihter hat keine Angst, seine Schüler zu verlieren. Er weiß, dass ein wahrer Schüler ihn nicht verlässt, dass er richtig überlegt und sagt: »Ich habe Vertrauen in meinen Meister, denn ihm liegt nichts daran, mich zu verletzen oder zugrunde zu richten. Was könnte er durch meinen Tod gewinnen? Er hat seine Gründe, wenn er auf diese Weise mit mir spricht. Und da er besser als ich weiß, wie er sich zu verhalten hat, vertraue ich ihm und nehme alles von ihm an, denn es ist sicher zum Besten.« Dann freut sich der Meister, weil er in ihm einen wahren Schüler sieht, der der Einweihung würdig ist. Es gibt nichts Höheres als die Einweihung zu erhalten, Wahrheit und Weisheit zu kennen und im Licht zu leben. Nur muss man zuerst seine niedrige Natur besiegen, die immer beleidigt, verletzt, außer sich und rachsüchtig ist.

Wenn ihr wüsstet, wie viele Menschen sich an mir gerächt haben, weil sie über die Wahrheit erbost waren! Sie sind zahlreicher als die Haare auf eurem Kopf. Habe ich sie bestohlen, geprellt, unterdrückt oder ermordet? Nein, im Gegenteil, ich habe ihnen eine solche Liebe entgegengebracht, die sie noch nie, nicht einmal in ihrer eigenen Familie erfahren hatten. Aber ich hatte es gewagt, ihnen die Wahrheit zu sagen. Da war es aus und vorbei! Sie waren sich nicht bewusst, dass sie sich so lange den Weg des Aufstiegs verbauten, zurückblieben und behindert waren, wie sie bestimmte Fehler nicht korrigierten. In der geistigen Welt gibt es Schranken, die man nur unter bestimmten Bedingungen überschreiten kann. Wenn ihr darum bittet, dass man euch die Gesetze und die Schönheit der höheren Sphären mit ihren lichtvollen Wesen, ihren Farben und Düften, ihrer Musik, ihrem ganzen Gefüge, ihrer Symmetrie und Herrlichkeit enthüllt, dann akzeptieren euch die Bewohner dieser Gebiete, aber nur dann, wenn ihr dessen würdig seid. Und um würdig zu sein, muss man wenigstens seine eigenen Fehler einsehen und korrigieren.

Oft seid ihr zu empfindlich. Das ist euer schwacher Punkt, der euch den Zugang zur wahren Einweihung versperrt. Euer Lehrer hat gewagt euch zu tadeln? Er hat gewagt, einige eurer Fehler hervorzuheben? Das hätte er nie tun dürfen. Er hätte wie die wohlerzogenen Menschen handeln müssen: keinen eurer Mängel erwähnen und sich nicht in euer Fortkommen einmischen. Im Übrigen werdet ihr ihn verlassen, dann hat er das Nachsehen... Also ihr seht, man liebt und sucht angeblich die Wahrheit, aber wo bleibt die Liebe zur Wahrheit bei einem solchem Verhalten?

Viele von euch haben mir gestanden: »Meister, Sie können sich gar nicht vorstellen, in welchem Zustand ich war, als Sie mir das sagten! Aber später habe ich die Dinge eingesehen, ich habe verstanden und mich unbeschreiblich glücklich gefühlt! Ich danke Ihnen von ganzem Herzen!« Aber warum ist man nicht sofort glücklich? Warum muss man zuerst diese schrecklichen Zustände durchmachen? Das ist schade, man sollte lieber sofort dankbar und glücklich sein und verstehen. Denn das Ziel, mein Ziel liegt nicht darin, jemanden zu zerstören, sondern ihm zu helfen, ihn zu wandeln, zu verschönern und zu retten. Für euch sollte also nicht der Vorfall selbst zählen, sondern sein Ziel. Man kann euch in verbrecherischer Absicht etwas schenken, und wenn ihr den Sachverhalt nicht klar überblickt, seht ihr nur das Geschenk, freut euch darüber und sterbt an einer Vergiftung. So kann man sich täuschen. Man sollte also nicht den Schein, sondern das Ziel in Betracht ziehen. Mein Ziel, was immer ich auch tun mag, liegt darin, euch zu helfen. Und wenn ihr ehrlich seid, könnt ihr das nicht bestreiten.

Ich weiß, dass ich jedes Mal, wenn ich jemanden zurechtweise, ein großes Risiko eingehe. Wenn er beim Rundfunk arbeitet, bringt er eine Sendung gegen mich... Ist er Journalist, schreibt er einen Artikel, um mich schlecht zu machen... Ist er Maler, wird er mich karikieren... Ich bin mir dessen völlig bewusst, aber ich nehme alles in Kauf, wenn ich ihm nur zur Klarheit verhelfen kann. Ich zähle dabei nicht: Ganz egal, ob er mein Feind wird, ich tue es nur zu seinem Besten, das ist alles. Wenn die Ereignisse mir nach Jahren Recht geben, wird er sich daran erinnern und einsehen, dass ich sein Bestes wollte: dass er frei, geistig reich und von allen geliebt wird.

Mitunter sage ich, dass ich mich als Zahnarzt betrachte. Und ich verstehe etwas von meinem Handwerk. Ich bin zwar nicht sehr modern ausgerüstet, meine Zangen sind noch vom alten Modell und ich benutze keine Betäubungsmittel. Deswegen schreien meine Patienten natürlich, aber trotzdem vernarbt alles, alles wird wieder gut und nachher ist man zufrieden. Erst vor kurzem kam eine Schwester zu mir und bat: »Meister, schimpfen Sie doch noch einmal genauso mit mir wie neulich.« – »Wieso?« – »Weil mir das so gut getan hat!« – Ich schaute sie an und merkte, dass sie es ehrlich meinte. Dann sagte ich ihr: »Hören Sie, glauben Sie nicht, dass das so ohne weiteres geht! Ich schimpfe nur, wenn ich spüre, dass dies der richtige Augenblick ist; heute werde ich es nicht tun, denn heute ist nicht der passende Zeitpunkt dafür.« Also ging sie unverrichteter Dinge wieder davon. Man bildet sich ein, ich würde nach Laune handeln! Nein, alles was ich tue, ist genau festgelegt, abgewogen und berechnet, um dieses oder jenes Ergebnis zu erzielen. Es geht doch nicht darum, jemanden zu misshandeln, was hat denn das für einen Sinn? Es geht darum, ihn zu heilen, ihm Gutes zu tun, ihn zum Überlegen zu bringen und ihm den Weg nach innen zu zeigen. Ja, die Brüder und Schwestern kennen mich noch nicht und wissen nicht, warum ich so handle. Sie bilden sich ein, dass ich das tue, was mir gerade durch den Kopf geht, so irgendwann und irgendwie!

Habt also in Zukunft mehr Vertrauen in meine Methoden. Übrigens verfüge ich noch über andere Mittel und Wege, von denen ihr euch gar kein

Bild machen könnt. Wenn ich euch durchrüttle, das heißt, wenn ich eine »Operation« vornehme, wende ich Methoden an, die ihr nicht kennt, aber sie dienen immer eurem Wohl. Ich will euch damit von einem Schmerz, einem Hindernis auf dem Weg eurer Entwicklung befreien. Wenn ihr aber kein Vertrauen zu mir habt, dann macht was ihr wollt, ihr seid frei. Aber ich kann euch im Voraus sagen, dass ihr nicht das geringste Ergebnis erzielen, nicht den kleinsten Vorteil erreichen werdet und nur Schaden anrichtet und Schulden zu bezahlen habt. Mit meinen Methoden dagegen werdet ihr am Ende Könige und Herren sein, stets vermögend und siegreich. Also, ich überlasse euch die Wahl.

Von nun an solltet ihr begreifen, dass ich es nur wegen meiner Selbstlosigkeit wage, euch öfters auszuschimpfen. Denn wenn ich an meine eigenen Vorteile denken würde, würde ich nicht den Mut dazu finden und Angst haben, euch zu verlieren. Und die Angst ist kein guter Berater. Meine Kühnheit, meine »Unverfrorenheit« beweisen euch meine Uneigennützigkeit. Aber da ihr mein Verhalten nicht auszulegen wisst, glaubt ihr, dass ich aus schlechter Laune, Bosheit oder mangelhafter Erziehung wie ein »Grobian« handle. Nein, ihr habt nie gesehen, dass mein Wagemut von meiner Uneigennützigkeit herrührt. Wenn auch ihr selbstlos handeln würdet, würdet ihr das Gleiche tun und den Mitmenschen die Wahrheit sagen, ohne Angst zu haben, dass sie euch im Stich lassen, denn ihr wollt sie ja nicht ausnutzen.

Ein Lehrer sagt seinem Schüler die Wahrheit, um ihm zu helfen. Und wenn der Schüler das nicht einsieht und jegliche Hilfe verweigert, dann soll er eben gehen. Eines Tages werden andere kommen, die wirklich die Wahrheit suchen. Was soll ein Meister mit derart überempfindlichen Leuten anfangen? Solchen noblen Prinzen und großen Weisen, die nicht die geringste Bemerkung ertragen, selbst wenn es zu ihrem Besten ist!

Angenommen, ich hätte euch zu Unrecht kritisiert. Gut, wenn ihr jedoch das, was ich euch heute gesagt habe, richtig versteht, dann lasst ihr euch davon nicht beirren und verhaltet euch weiterhin tadellos. Wenn ihr dann eines Tages wieder zu mir kommt, werde ich die Augen aufsperren und rufen: »Meine Güte! Welch eine Pracht!« Dann seid ihr die Sieger, und ich muss meine Worte zurücknehmen und euch Recht geben.

Ihr dürft euch Mühe geben, um besser zu werden und den Sieg davonzutragen. Aber ihr dürft nicht beleidigt sein. Ihr seid trotzdem beleidigt? Das macht nichts. Ich gebe keinen Heller auf diejenigen, die beleidigt sind, statt sich an die Arbeit zu machen. Vielleicht habe ich sie ja absichtlich durchgerüttelt, damit sie ihre Ärmel hochkrempeln... Aber anstatt zu arbeiten, schmollen sie. Zu trotzen, ohne seine Probleme zu lösen, ohne etwas zu lernen, ohne ein wenig mehr Liebe und Licht in sein Leben zu bringen, ist allzu einfach! Nun denn, macht euch an die Arbeit, damit ihr mir nachher sagen könnt: »Sehen Sie, verehrter Meister, Sie haben sich geirrt.« Und dann werde ich zugeben: »Ja, das stimmt, ich habe mich getäuscht.« Bis jetzt habe ich das jedoch nicht sagen können, denn ihr habt mir noch keine Gelegenheit dazu gegeben. Ihr habt weiter geschmollt.

Also, worauf wartet ihr? Setzt alle Kräfte ein und überzeugt mich, dass ich blind war und mich geirrt habe. Über einen solchen Beweis wäre ich sehr glücklich. Wenn ich euch falsch beurteilt habe, dürft ihr mir beweisen, dass ihr edler und großzügiger seid, als ich dachte! Solange ihr mir das nicht zeigt, muss ich feststellen, dass ich derjenige bin, der Recht hat. Aber wisst ihr, ich habe nichts davon, Recht zu haben, denn das macht mich unglücklich. Ich hätte lieber Unrecht und würde mich lieber getäuscht haben. Wenn ich zum Beispiel von jemandem sage, er hätte keine Liebe oder kein Unterscheidungsvermögen, und wenn er mir durch seine Haltung eine großartige Liebe oder ein hervorragendes Unterscheidungsvermögen zeigt, so ist das für mich die schönste Überraschung! Ja, ihr seht, in bestimmten Fällen wäre ich ganz froh, festzustellen, dass ich mich geirrt habe.

II

Ihr könnt den Wert der Wahrheiten, die ein Meister euch bringt, noch lange nicht erfassen. Für euch gibt es zahllose andere Dinge, die wertvoller sind. Auch wenn sie euch unglücklich und krank machen, findet ihr sie wichtiger, anziehender und begehrenswerter. Gewiss, ihr seid frei, aber ihr werdet schon sehen, in welchem Zustand ihr eines Tages ohne dieses Licht, das ich euch bringe, sein werdet!

Vielleicht findet ihr, dass ich meine eigene Wichtigkeit übertreibe. Glaubt was ihr wollt! Wisst ihr, mir ist es gleichgültig, ob man mich schätzt oder nicht. Ich rede nur deshalb so zu euch, damit ihr nicht länger hier und da eure Zeit verliert. Ich möchte, dass ihr eure Zukunft endlich auf soliden Grundlagen aufbaut. Denn sonst lauft ihr ewig hinter den nichtigsten Dingen her, die vor euren Augen schillern. Und wenn ihr sie errungen habt, bringen sie euch nur Unheil, eben weil euch das Licht fehlte, das euch die Schädlichkeit der Dinge hätte zeigen können. Warum habt ihr so wenig Unterscheidungsvermögen? Weil ihr euch über den Wert eures Lehrers nicht genügend bewusst wart.

Auf jeden Fall solltet ihr wissen, dass mir überhaupt nichts daran gelegen ist zu befehlen. Ich will nur mich selbst regieren! Wie sollte es mich glücklich machen, andere zu unterdrücken? Für mich liegt das Glück woanders. Manche von euch wollten aus mir einen Guru machen, der über die anderen gebietet und vor dem man sich niederwirft. Sie finden, dass mein Verhalten eine Schwäche ausdrückt. Eine merkwürdige Idee! Bei bestimmten indischen Meistern schockierte mich übrigens gerade die Tatsache, dass sie akzeptieren, dass ihre Schüler sich vor ihnen niederwerfen. Ich habe ihnen sogar gesagt: »Was empfinden Sie dabei, diese armen Menschen zu Ihren Füßen zu sehen? Wer sind Sie, dass die anderen sich vor Ihnen auf die Erde werfen? So etwas habe ich bei meinen Schülern nie geduldet.« Und das stimmt, einige wollten sich vor mir niederwerfen, aber ich hieß sie sofort wieder aufstehen. Die Gurus haben auf meine Vorwürfe nicht geantwortet, aber ich wusste, was sie dachten. Sie hatten es bei ihrem Meister so gemacht, und nun war es ganz normal, dass ihre Schüler es bei ihnen ebenso taten. Nun, ich möchte mich da nicht einmischen. Diese Gewohnheiten sind Teil einer tausendjährigen Tradition, und man kann den Hindus nur schwer begreiflich machen, wie schockierend sie auf den Westen wirken.

Selbst wenn ein Meister große Macht besitzt, muss er einfach bleiben. Wenn ich euch den Wert eines Lehrers bewusst mache, ändere ich deshalb mein Verhalten euch gegenüber nicht. Ich behandle alle Brüder und Schwestern gerne mit Respekt und Liebe. Auch wenn ich euch einige Worte über den Wert meiner Arbeit unter euch sage, bleibe ich der Gleiche. Vielleicht verändert ihr euch, was übrigens auch wünschenswert wäre, denn je mehr ihr meine Worte schätzt und in die Tat umsetzt, desto weiter kommt ihr voran. Jedenfalls setze ich meine Arbeit fort, egal was ihr tut. Es liegt natürlich in meinem Interesse, dass ihr vorankommt, denn dadurch gewinne ich neue Freunde. Aber ihr zieht den größten Vorteil daraus, weil die Saat, die ihr gesät habt, eines Tages Früchte bringt, die ihr dann ernten könnt.

Betrachtet es also von nun an nicht mehr als Schwäche, wenn ich nicht wie manche hinduistischen Meister handle und mich nicht aufdränge. Wenn ihr mich dabei überraschen könntet, wie ich mit mir selbst umgehe, würdet ihr sehen, wie ich kommandiere und befehle. Aber mit euch tue ich das nicht. Mein Innenleben ist etwas anderes, aber warum sollte ich euch Befehle erteilen? Ihr seid Gottes Geschöpfe, und wenn euch jemand Befehle erteilen darf, dann ist es Gott selbst. Ihr meint: »Ja, aber manchmal regen Sie sich auf und rütteln uns ganz schön durch.« Das stimmt, manchmal muss ich auf bestimmten Punkten und Werten bestehen, aber ich zwinge euch nie zu einer bestimmten Handlungsweise.

Meine Mutter hat mich als Kind nie zu etwas gezwungen, und das hat mich stark beeindruckt. Sie sagte nur: »Sieh', wenn Du so handelst, wird dies und jenes dabei herauskommen, aber wenn Du es anders machst, erreichst Du auch ein anderes Ergebnis.« Sie zeigte mir immer beide Wege mit den jeweiligen Folgen. Und ich gehe genauso vor: Manchmal schimpfe ich den einen oder anderen aus und sage ihm sogar schreckliche Dinge, die er hören muss, aber ich zwinge niemanden.

Wenn ich übrigens die Menschen nicht überzeugen kann, verliere ich nicht den Mut, denn ich habe einen hervorragenden Mitarbeiter: das Leben, und das beruhigt mich. Vielleicht bin ich kein bedeutender Lehrer, aber das Leben ist ein perfekter Lehrmeister! Ihr könnt noch so viel schreien und euch die Haare raufen, nichts zu machen, das Leben ist unbestechlich. Es lässt sich von keiner Träne, von keinem Zähneknirschen erweichen. Wenn ihr einen Unfall habt, Bankrott macht, wenn eure Freunde, eure Frau und Kinder euch im Stich lassen, wenn ihr eure Stelle verliert oder euer Haus abbrennt, dann habt ihr etwas zum

Nachdenken. Aber leider bedeutet das nicht, dass ihr dabei automatisch auf die Wahrheit stoßt. Ihr weint und wollt euch sogar umbringen, aber begriffen habt ihr nichts.

Das Leben weist den Menschen zurecht, rüttelt ihn durch und erschlägt ihn fast, aber es erklärt nichts. Die Erklärungen muss er bei einem Meister holen. Die beiden – das Leben und der Meister – schicken sich dann den armen Dummkopf gegenseitig zu, um ihn zu erziehen, genauso wie es Werkstätten oder Ärzte mit ihren Kunden und Patienten tun. Ich habe mich also mit dem Leben verbündet. Wenn ich jemanden nicht aufklären oder zur Vernunft bringen kann, wende ich mich an das Leben: »Hör', kümmere dich ein wenig um diesen und jenen, er hat ein dickes Fell.« – »Versteht sich von selbst,« sagt das Leben. Und wenn es ihn ordentlich durchgerüttelt und übel zugerichtet hat und er den Grund dafür nicht begreift, schickt das Leben ihn wieder zu mir, damit ich ihm alles erkläre. So spielen wir einander die Bälle zu! Ja, ihr seht, wir beide sind gut organisiert, wenn ihr meine täglichen Erläuterungen nicht in Betracht zieht, überlasse ich euch dem Leben, und das Leben ist hart! Ich bin nett und freundlich, aber dem Leben gegenüber könnt ihr schreien so viel ihr wollt, es schlägt so lange auf euch ein, bis alles zerbrochen ist. Und dann werdet ihr wieder zu mir zurückexpediert! So ist es schon vielen ergangen. Das kann zwei, zehn, zwanzig Jahre dauern oder noch länger...

Viele Brüder und Schwestern wollten zuerst durch eigene Erfahrungen zur Vernunft kommen und haben deshalb die Wahrheiten dieser Lehre außer Acht gelassen. Nach zwanzig Jahren kamen sie dann völlig zerschlagen zurück. Sie wussten nicht, warum ihnen so viele Widrigkeiten zugestoßen waren, obgleich es ganz eindeutig war. Sie hatten gehofft, durch die Befriedigung einer niederen Tendenz in sich glücklich zu werden und hatten diese gefördert und bestärkt. Aber eine solche Neigung ist mit gewissen Substanzen und ganz bestimmten Wesen und Realitäten im Kosmos auf magnetische Weise verbunden und konnte ihnen deshalb nur Unglück und Unfälle bringen. Sie hatten also selbst all diese bedauerlichen Ereignisse herbeigerufen.

Die Erde ist eine Schule, und in einer Schule gibt es Lektionen... von allen Seiten wird man belehrt. Solange ihr das nicht versteht, werdet ihr vom Schicksal geplagt. Die unsichtbare Welt schickt Meister auf die Welt, um den Menschen die Entwicklung zu erleichtern. Wenn die Menschen nicht auf die Meister hören wollen, stoßen sie auf andere Lehrer, die unbestechlich sind: Niederlagen, Krankheiten und Elend. Es wäre also vernünftiger mich zu akzeptieren, denn dann braucht ihr euch diesen schrecklichen Prüfungen nicht zu unterziehen. Wer die göttlichen Gesetze nicht freiwillig akzeptiert, wird mit dem Stock dazu gezwungen.

Es wäre für mich sehr leicht, mich nicht mehr in eure Angelegenheiten einzumischen, euch nicht mehr auf das aufmerksam zu machen, was euch in eurer Denk- und Handlungsweise am Weiterkommen hindert. Aber dann würdet ihr euch mehr und mehr belasten, euch verwirren und schließlich unter der Last zusammenbrechen und nicht mehr aus noch ein wissen. Hätte ich euch damit einen Dienst erwiesen?

Einige von euch geben zu, dass ich ihnen bei der Lösung ihrer Probleme geholfen habe, weil ich sie auf ihre Fehler aufmerksam machte. Wenn ihr den Feind kennt, der sich hinter einem Fehler, einer schlechten Angewohnheit oder einer falschen Vorstellung verbirgt, könnt ihr ihn bekämpfen. Aber wenn ihr nicht wisst, von welcher Seite ihr angegriffen werdet, seid ihr machtlos. Das Schlimmste ist, die Ursache eurer Schwierigkeiten, Leiden und Unannehmlichkeiten nicht zu kennen, denn dann schießt ihr ständig ins Leere, bis ihr eines Tages eure ganze Munition verschossen habt, ohne den Sieg davongetragen zu haben. Wenn ihr wisst, wo der Feind sich aufhält und wie er sich äußert, habt ihr wenigstens die Möglichkeit zu reagieren und früher oder später wird es euch gelingen, ihn zu besiegen.

Später werdet ihr mich verstehen und sagen: »Mein Gott, gesegnet sei der Tag, an dem wir unserem Meister begegnet sind. Er hat uns alle Mittel gegeben, um unsere Schwierigkeiten zu bewältigen. Er war unser bester Freund, aber das haben wir zu spät eingesehen.« Ja, ich bestehe darauf, ich unterstreiche es in der Hoffnung, dass ihr eines Tages die einzigartige Gelegenheit erkennt, die euch zur Lösung eurer Probleme und zum Weiterkommen geboten wird. Ihr denkt: »Was für ein Hochmut, was für eine Eitelkeit!« Denkt was ihr wollt, das ist mir ganz egal, aber zieht meine Worte in Erwägung und macht euch an die Arbeit.

VII

ERWARTET VON EINEM MEISTER
NUR DAS LICHT

I

Gutes zu tun ist sehr schwer. Ich habe mir mein ganzes Leben lang die Frage gestellt: »Wie kann man den Menschen am besten helfen?« Ich habe festgestellt, dass sie am nächsten Tag wieder Hunger haben, wenn man ihnen heute etwas zu essen gibt, denn der Magen ist wie ein Loch, das nicht zu füllen ist und jeden Tag etwas Neues verlangt... Gibt man ihnen Kleidung, so ist sie nach einiger Zeit abgenutzt und man muss sie ersetzen. Wenn man ihnen ein Haus vermacht, muss es eines Tages repariert werden, und wenn man ihnen Geld schenkt, geben sie es bald aus. Wenn man schon ein wenig mit den Menschen zu tun gehabt hat, weiß man außerdem, dass sie nie zufrieden sind. Wenn ihr ihnen ein Haus schenkt, wollen sie einen Palast, habt ihr ihnen eine Million gegeben, sind sie wütend, weil es keine Milliarde war. So kann man den Menschen also nicht helfen: Entweder ist eure Hilfe nur vorübergehend oder die

Leute sind unzufrieden, weil sie ständig mehr erwarten. Wie soll man ihnen also helfen?

Nehmen wir zum Beispiel einen Mann, der eine Last zu tragen hat. Die Last ist so schwer, dass er sie kaum heben kann. Nun kommt ihr, stark wie ihr seid, nehmt die Last auf eure Schultern, und schon ist die Arbeit getan! Ja, aber in den nächsten Tagen muss der Mann noch weitere Lasten tragen, und da ihr ja nicht ständig bei ihm sein könnt, wie soll er sich dann helfen? Angenommen, ihr kennt ein Geheimnis, mit dem man Lasten tragen kann, ohne von ihnen erdrückt zu werden und mit dem man sie sogar mit Freude transportieren kann. Wenn ihr ihm dieses Geheimnis anvertraut, kann er sich sein ganzes Leben lang allein helfen. Ist den Menschen also nicht viel besser mit einem Mittel geholfen, mit dem sie sich alleine zurechtfinden können, ohne auf andere angewiesen zu sein? Natürlich ist das besser, sogar viel besser. Und dieses Mittel ist das Licht der Einweihungswissenschaft, denn sie bietet in allen nur denkbaren Situationen ein Lösung.

Ich habe deshalb mein ganzes Leben lang hart gearbeitet, um dieses Licht zu finden, denn ich weiß, dass ihr mit diesem Licht alle Schwierigkeiten ohne mich, ohne meine Gegenwart angehen könnt. Ganz abgesehen davon, dass gute Taten ohne das Licht keinen Bestand hätten, wären die Menschen nicht einmal dankbar dafür. Sie brau-

chen ein geistiges Element, das sich in ihnen ein-
prägt. Das wissen viele nicht. Wenn sie Gutes tun
wollen, geben sie etwas Materielles, anstatt daran
zu denken, dass sie ein unvergängliches geistiges
Element geben können. Man ist noch nicht in der
Lage, das Wesentliche zu schenken, man gibt
irgendetwas: Schmuck, Autos... und glaubt, den
anderen damit glücklich zu machen. Nein, man
muss lernen, etwas Wesentliches zu geben.

Wenn ihr glaubt, ich hätte von euren Schwierigkeiten keine Ahnung, dann irrt ihr euch. Ich
weiß Bescheid, denn ich habe sie selbst erfahren
und erlebt. Ich brauche jemanden nur anzu-
schauen, um zu sehen, welche Prüfungen er
durchgemacht hat, denn sie stehen in seinem Gesicht geschrieben. Ihr werdet sagen: »Aber Sie haben überhaupt kein Mitleid! Warum helfen Sie
uns nicht?« Ja, auch das muss ich euch erklären.

Selbst wenn ich alle Macht besäße, würde der
Himmel mir nicht erlauben, euch eure Schwierigkeiten zu nehmen. Ihr selbst müsst euch anstrengen, ihr selbst müsst lernen und üben, denn nur
eure eigenen Anstrengungen bleiben euch für alle
Ewigkeit erhalten. Wenn ihr darauf wartet, dass
andere alles an eurer Stelle tun und euch eure Leiden, Krankheiten und euer Unglück abnehmen, ist
dies durchaus möglich: Es gibt Wesen auf der
Erde, die dazu fähig sind, aber ein weiser und intelligenter Mensch würde so etwas nie tun, denn

er weiß, dass euch damit nicht geholfen ist, im Gegenteil. Er gibt euch lieber Methoden und Kenntnisse und erwartet dann von euch, dass ihr sie anwendet. Auf diese Weise wachst ihr und werdet stärker. Das ist die wahre Entwicklung.

Leider denken die Menschen, die sich daran gewöhnt haben, nur auf materielle, äußerliche Dinge wie Maschinen, Apparate und Medikamente zu zählen, nie daran, die ihnen vom Herrn gegebenen Fähigkeiten zu nutzen. Und wenn sie einem Meister begegnen, haben sie genau die gleiche Einstellung: Anstatt dank seiner Lehre ihre geistigen Fähigkeiten entwickeln zu lernen, zählen sie auf ihn, damit er alles an ihrer Stelle tut. Der Meister soll sie unterrichten, reinigen, heilen, die Lösung all ihrer Probleme finden und sie reich und glücklich machen. Ja, die Neigung, alles von außen zu erwarten, ist so stark verbreitet, dass selbst die Spiritualisten sie angenommen haben. In einem Meister suchen sie einen gutmütigen Kerl, der ihnen aus der Klemme hilft, sie rettet und der vor allem ihre Lasten auf sich nimmt! Also einen Esel...! Analysiert euch und prüft, ob das wahr ist oder nicht!

Viele, die hierher kommen, erwarten alles von mir. Ich soll ihnen Wissen, Verstand und sämtliche Tugenden schenken, ich soll sie reich und gesund machen und sie verheiraten. Wenn ich das nicht tue, sind sie enttäuscht und nehmen es mir übel. Ja, es gibt sogar Leute, die ich gar nicht kenne, die mir schreiben, ich solle einen Mann oder eine Frau für sie finden. Wie kann ich ihnen nur verständlich machen, dass ich mich um so etwas nicht kümmere? Das ist eine sehr heikle Sache. Wer sich darauf einlässt, muss die Verantwortung dafür übernehmen. Die Aufgabe eines Meisters besteht nicht darin, die Menschen zu verheiraten oder zu scheiden. Gewiss, in manchen Fällen, wenn mich junge Brüder und Schwestern, die ich kenne, fragen, sage ich meine Meinung... aber auch nicht immer, denn es ist zu delikat.

Wie ihr seht, haben die Menschen wirklich eine seltsame Mentalität! Sie erwarten alles von mir: sogar Eheschließungen. Und wenn sie Kinder bekommen, glauben sie, es sei meine Aufgabe, die Engel und Erzengel aufzufordern, sich in ihren Kindern zu inkarnieren. Nein, das ist nicht meine Aufgabe. Von mir sollen sie nur erwarten, dass ich sie durchrüttle, damit sie lernen, sich allein durchzuschlagen. Selbst wenn ich die Macht hätte, alle ihre Wünsche zu erfüllen, täte ich es nicht, denn damit würde ich ihnen nicht helfen. Ja, selbst wenn ich die Fähigkeit besäße, sie von allen ihren Krankheiten zu heilen, würde ich sie nicht gesund machen, sondern ihnen noch obendrein andere Krankheiten aufbürden...! Seid ihr jetzt empört? Ja, aber gleichzeitig würde ich ihnen Methoden aufzeigen, mit denen sie alle

Krankheiten besiegen können. Denn wenn ich sie
heilen würde, würden sie weiterhin in Ausschwei-
fung und Dummheit leben, wieder krank werden,
und wenn ich nicht mehr da bin, würden sie für
immer krank bleiben. Seht ihr, das ist keine Lösung. Also glaubt mir, für mich besteht die Lösung darin, euch noch ein paar Lasten mehr auf-
zuladen und euch beizubringen, wie ihr stark und
widerstandsfähig werdet.

Der Schüler darf weder sich selbst noch seinem Nächsten ein leichtes Leben wünschen. Die
meisten Väter und Mütter wollen, dass ihre Kinder ein leichtes Dasein haben, im Überfluss leben
und Erfolg haben. Sie wollen dies offensichtlich
aus Liebe zu ihren Kindern, aber ihre Liebe ist
dumm, denn sie zieht die wahre Entwicklung der
Kinder nicht in Betracht. Damit will ich natürlich
nicht sagen, dass die Eltern ihren Kindern Unglück und Leiden wünschen sollen. Nein, sie sollten sich mit dieser Frage gar nicht befassen. Sie
sollten nur darauf bedacht sein, dass aus ihren
Kindern Wohltäter der Menschheit werden und
sollten es dem Himmel überlassen zu entscheiden,
welche Erfahrungen sie machen müssen, um dahin zu gelangen. Vielleicht schickt er ihnen
Krankheiten, Feinde und Schmach, aber das ist
unwichtig, sie werden es zu etwas bringen und
sehr weit kommen, so weit, dass keine Spur von
den Schwierigkeiten bleibt und sie sich nicht ein-

mal mehr daran erinnern. Die Eltern lieben ihre Kinder, aber was wird aus ihnen werden, wenn man ihnen alle Schwierigkeiten erspart? Sie stumpfen ab, das ist alles.

Ihr müsst wissen, dass ich mich um eure Krankheiten, Probleme und Scheidungen nicht kümmere. Wenn ihr im Leben viel durchmachen müsst, hat das wahrscheinlich einen karmischen Grund. Ich will euch nur die Mittel geben, die euch frei, erhaben und kraftvoll machen, egal welche Prüfungen ihr durchzustehen habt. Ich bin nicht dazu da, euch zu heilen, euch zu trösten und eure Probleme zu lösen. Dazu hätte ich im Übrigen auch gar keine Zeit, denn ich brauchte eine Ewigkeit, um mich um eure Probleme – und was für Probleme – zu kümmern! Nein, ich muss euch anregen und euch das höchste Ideal nahe bringen, denn wenn ihr es realisieren wollt, könnt ihr eure Probleme lösen. Wenn ich euch hingegen jede Prüfung erspare, bleibt ihr schwach, kränklich und verletzbar, und was wollt ihr dann machen, wenn ich eines Tages nicht mehr da bin?

Gestern wurde im Fernsehen gezeigt, dass mehr und mehr Menschen Hellseher, Medien und Magier aufsuchen, um ihre Geld-, Gesundheits- oder Liebesprobleme zu lösen oder um sich den Teufel austreiben und sich von einem Fluch befreien zu lassen. Es ist wirklich erstaunlich: Sie selbst unternehmen nichts, um mit ihren Schwierigkeiten fertig zu werden, um klarer zu sehen und stärker zu werden. Ein anderer muss die Arbeit an ihrer Stelle verrichten. Und selbst angenommen, jemand könnte sie von der Verwünschung befreien, dann wären sie immer noch so schwach, dass ein anderer sie wiederum verwünschen könnte. Alle wollen nur jemanden finden, der sie heilt, tröstet und beruhigt. Deswegen bleiben sie unwissend, armselig und verletzbar.

Nun, hier ist dies anders. Hier tröstet, verzärtelt und heilt euch keiner, hier bekommt ihr Mittel, Rüstzeug und Methoden, mit denen ihr selbst intelligent, kraftvoll und unbesiegbar werdet. Und das ist viel besser. Aber da ihr den einfachen Weg sucht, findet ihr, dass es hier nichts und niemanden gibt, der euch helfen kann. Ja, aber genau da irrt ihr euch! Wenn jemand euch wirklich helfen kann – und zwar nicht nur für zwei oder drei Tage, sondern für die ganze Ewigkeit – so bin ich das. Ihr wollt aber immer nur den Mund aufmachen und das Medikament schlucken; es ist euch egal, dass es nur ein Linderungsmittel ist. Wann begreift ihr endlich, dass ihr lernen müsst, eure Probleme selbst zu lösen?

Hier gibt man euch alle Mittel an die Hand. Versucht sie doch wenigstens anzuwenden! Selbst wenn der größte Meister ein Wunder vollbringt, um euch zu heilen und zu beschützen, wie lange wird es andauern? Das hängt von euch ab. Wenn ihr das Licht, die Schlüssel, die er euch gibt, zu gebrauchen wisst, dauert es ewig an, denn dann handelt ihr selbst, dann treten eure Seele und euer Geist in Aktion.

Ich kenne die menschliche Natur: Ihr würdet gerne von mir hören: »Ihr könnt auf mich zählen, ich rette euch aus allen Gefahren, heile alle Krankheiten und mache euch glücklich.« Eben nicht, meine lieben Brüder und Schwestern, so etwas werde ich nie sagen, denn das stimmt nicht. Wenn jemand so etwas behauptet, hat er ein Interesse daran, euch zu täuschen. Ich sage euch: Zählt auf die großen Wahrheiten, die ich euch gebe, akzeptiert sie in eurem Inneren, verstärkt, belebt und nährt sie, und dann werdet ihr die Ergebnisse sehen.

Ich habe heute vielleicht einige eurer Illusionen zerstört, aber das habe ich für die Wahrheit, für euer Bestes getan.

II

Ihr zählt immer auf mich. Gut, nur kann der größte Meister nichts ausrichten, wenn der Schüler nicht wenigstens im Keim Tugenden besitzt, die der Meister nähren und zum Gedeihen bringen kann.

Wenn Eltern von ihrem Kind erwarten, dass es später in einem bestimmten Bereich Erfolg hat, müssen sie daran denken, ihm von der Zeugung an die entsprechenden Elemente dafür zu geben, denn kein Lehrer oder Erzieher kann bei einem Kind Eigenschaften entwickeln, die es nicht wenigstens im Keim bereits besitzt. Beschuldigt also nicht den Meister, dass er euch nicht göttlich machen kann, wenn ihr innerlich keine göttlichen Teilchen besitzt. Habt ihr aber göttliche Teilchen in euch, so kann er sie wie niemand sonst zum Gedeihen bringen. Ebenso sagen die Alchimisten, dass man kein Gold herstellen kann, wenn man nicht wenigstens über ein winziges Teilchen Gold als Ausgangspunkt verfügt.

Ein Meister kann also tatsächlich vieles bewirken, aber nur für den, der sich bereits nach dem Göttlichen sehnt und ein hohes Ideal besitzt. Im anderen Falle kann er nichts ausrichten. Deshalb zwingt ein Meister niemanden dazu, diesen oder jenen Weg einzuschlagen. Er weiß, dass es unnütz wäre. Wenn jemand verschlossen oder abgestumpft ist, lässt er ihn in Ruhe. Hier haben wir wieder einen Unterschied zwischen einem wahren und einem falschen Meister. Ein falscher Meister wendet alle ihm verfügbaren Mittel an, um euch in seine Richtung zu zwingen. Ein wahrer Meister hingegen weiß, dass er keinem Geschöpf Gewalt antun darf. Er spricht zu euch, erklärt euch die Dinge und betet für euch, das ist alles. Wenn ihr die Hölle vorzieht, erklärt er euch, was dort auf euch wartet, aber er hält euch nicht zurück. Jeder hat das Recht, sich selbst zu zerstören, niemand kann ihn daran hindern, nicht einmal der Herr; der Beweis: Er lässt die Menschen ihre Dummheiten machen und sich den Hals brechen. Was wollt ihr, Er respektiert eben ihre Freiheit.

Ihr wendet ein: »Aber Sie lassen uns doch auch keine Freiheit, in Ihren Vorträgen reden Sie doch dauernd auf uns ein und lassen uns keine Ruhe.« Oh ja, das stimmt, aber es gibt doch einen gewissen Unterschied, den ihr anerkennen müsst: Ich rede, gebe Erklärungen, aber ich zwinge euch nicht und tue euch keine Gewalt an. Ich will euch beeinflussen, das ist wahr, aber was tut denn die Sonne? Versucht sie nicht auch, euch zu beeinflussen? Sie wärmt und strahlt: Hat das keinen Einfluss auf euch? Wenn ihr nicht beeinflusst werden wollt, müsst ihr euch verbergen. Auch die Sterne, Berge, Seen, Flüsse, Pflanzen, Tiere und Menschen können euch beeinflussen, aber es ist euch überlassen, diesem Einfluss zu erliegen oder ihm zu entkommen. Hat nicht allein die Gegenwart eines hübschen Mädchens bereits eine Wirkung auf die Jungen? Doch, aber man kann ihr keinen Vorwurf daraus machen, so sind eben die Dinge. Wer nicht von ihr beeinflusst werden will, der braucht ja nicht mit ihr tanzen zu gehen!

Also, auch ich beeinflusse euch, warum sollte ich eine Ausnahme sein? Aber ich lege euch keinen Zwang auf. Euer Kommen zeigt, dass ihr diesen Einfluss akzeptiert. Ich habe euch nicht geholt, ihr seid freiwillig gekommen. Die Freiheit liegt in dem Entschluss, sich einem Einfluss auszusetzen oder nicht. In dem Moment, wo ihr akzeptiert, euch dem Einfluss meiner Stimme, meines Blickes, meiner Gesten und meiner Gedanken auszusetzen, könnt ihr mir nichts vorwerfen. Wenn ihr euch nicht von mir beeinflussen lassen wollt, dann braucht ihr ja nicht zu kommen. Unter dem Vorwand, euch eure Freiheit zu lassen, kann ich doch nicht alles in mir unterdrücken. Das Einzige, was ich nicht darf, ist, euch zum Bösen anzuleiten, das heißt Verzweiflung, Auflehnung, Hass oder Zweifel in euch zu säen. Aber ich habe das Recht, euch zu erleuchten, euch zu beruhigen und euch zu Gott zu führen, und das habe ich immer versucht. Ihr solltet euch sogar wünschen, dass ich noch so lange wie möglich damit fortfahre, denn ihr habt den Nutzen davon. Aber wenn ihr nicht wollt, ist das eure Sache.

Wie viele Menschen habe ich nicht schon vor den Folgen gewarnt, die auf sie warten, wenn sie die eingeschlagene Richtung fortsetzen. Ich ließ sie nicht den falschen Weg gehen, ohne sie vorher aufgeklärt zu haben, aber sie wollten mir nicht glauben. Sie wussten besser als ich, was sie zu tun hatten. Und jetzt, wo sie auf Schwierigkeiten stoßen, die ich vorausgesehen habe – was übrigens sehr leicht war –, muss ich natürlich alles wieder in Ordnung bringen, und wenn ich es nicht tue, bin ich wiederum der Schuldige. Ich bin also nicht dazu da, um die Menschen zu belehren und sie auf den richtigen Weg zu führen, sondern um ihnen zu erlauben, in aller Ruhe Dummheiten und Verrücktheiten anzustellen... Das soll also meine Aufgabe sein: das, was die anderen zerstört haben, wieder gutzumachen und in Ordnung zu bringen. Angenommen, ich würde es tun, glaubt ihr, das wäre wirklich eine Lösung? Nein, dann wäre es sogar noch schlimmer. Solange die Menschen nicht gelitten haben, solange sie nichts begriffen haben, wäre das schlimmer. Sie müssen also ein wenig leiden, damit sie merken, dass sie zur Vernunft kommen und ihr Unterscheidungsvermögen entwickeln müssen. Wenn ihr ihnen ständig alle Schwierigkeiten aus dem Weg räumt, werden sie ihren eigenen Zustand und ihre Situation nie genau erkennen, sie werden den Wert der Dinge nicht zu schätzen wissen und ewig unbewusst und undankbar bleiben.

Das haben viele Eltern nicht verstanden. Unter dem Vorwand, ihre Kinder zu lieben, ersparen sie ihnen jegliches Leid – sie wollen nicht, dass sie sich die Finger verbrennen, obwohl sie doch daraus etwas lernen könnten. Beim kleinsten Vorfall sind sie bereit, alles wieder in Ordnung zu bringen. Aber das ist keine wahre Liebe. Der Herr und die Natur handeln nicht so. Man muss den Menschen helfen, indem man sie aufklärt und sie erleuchtet. Später, wenn sie sich ihrer Situation bewusst werden und leiden, kann man versuchen, ihnen ihre Lasten abzunehmen. Ja, denn in dem Moment wissen sie die Hilfe zu schätzen, die man ihnen entgegenbringt und werden vorsichtig, vernünftig und fassen gute Vorsätze. Wenn ihr anders handelt, tut ihr niemandem etwas Gutes, sondern fördert Dummheiten, Verbrechen und alle möglichen Übertretungen.

Hier wird euch das Wesentliche gegeben. Worauf wartet ihr, um mit diesen Elementen zu arbeiten? Es handelt sich um hohe Wahrheiten, die ihr nicht auf die leichte Schulter nehmen solltet. Prägt sie tief in euer Leben ein, denn vielleicht habt ihr später niemanden mehr, der euch helfen wird. Ihr müsst wissen, dass man nicht tun und lassen darf, was man will. Man sollte sich immer wieder fragen: »Ist das, was ich tun möchte, der Wille des Himmels oder nur mein eigener Wille?« Aber das Unterscheidungsvermögen fehlt und sogar wenn man weiß, was richtig ist, tut man genau das Gegenteil.

Jemand kommt zu mir und fragt mich: »Meister, was soll ich machen, um aus meinen Schwierigkeiten herauszukommen? Ich werde Ihren Rat befolgen.« Gut, meinetwegen, ich sage ihm, was zu tun ist, und er verspricht, es in die Tat umzusetzen. Aber zwei Minuten später hat er alle meine Empfehlungen vergessen und macht genauso weiter wie vorher. Warum? Weil im Menschen andere Tendenzen und Wesenheiten wohnen, die ihn ebenfalls beraten. Sie wollen seinen Untergang, und auf sie hört er. Was muss er tun, damit er nicht von ihnen mitgerissen wird? Er muss sich zusammennehmen und darf auf niemanden hören. Wenn er schon seinem Meister folgen wollte, soll er das auch tun! Aber nein, er tut das Gegenteil. Und wenn der Meister ihn später fragt: »Warum haben Sie Ihr Versprechen nicht gehalten?« dann weint er, ist unglücklich und bereut alles. Warum ließ er es so weit kommen, wenn er sich doch der Lage bewusst war? Weil er den bösen Geistern die Türen geöffnet hatte.

Wer derart die Kontrolle über sich selbst verliert, weil er sich niederen Wesenheiten überlässt, die ein Interesse daran haben, die Menschen zugrunde zu richten, darf niemand anders als sich selbst beschuldigen und sollte sich sagen: »Aha, ich habe nicht richtig gearbeitet und gelernt.« Dann sollte er die Dinge in die Hand nehmen und alles wieder in Ordnung bringen. Natürlich verlangt das Zeit. Wenn man jahrelang sein Gehirn durch alle möglichen wirren Gedanken und Aktivitäten verformt hat, wie soll man es da in ein paar Minuten wieder zum einwandfreien Funktionieren bringen können? Man muss wieder jahrelang richtig arbeiten, bevor man gute Ergebnisse erzielt.

Die Menschen kennen die Gesetze nicht. Sie haben ihr Leben lang Dummheiten gemacht, und wenn sie sich dann für eine andere Richtung entscheiden, bilden sie sich ein, dass ein anderer den angerichteten Schaden in wenigen Minuten wieder gutmachen kann. Sie können glauben, was sie wollen, aber leider ist das unmöglich. Man braucht ebenso viel Zeit, um alles wieder in Ordnung zu bringen, wie man zum Zerstören brauchte. Die Menschen sind wirklich naiv! Sie glauben, man könnte auf einen Schlag alles wieder aufrichten, was sie jahrelang deformiert haben. Und wenn ein Meister aus einem Wüstling oder Verbrecher in einem Tag keinen Heiligen machen kann, ist er eben kein Meister! Was ist das nur für eine seltsame Überlegung!

Seit Jahren gebe ich euch Methoden, wie ihr mit dem Licht und den Farben arbeiten könnt, um euch zu reinigen, zu schützen und mit Barrieren zu umgeben, die die bösen Geister nicht durchbrechen können. Die starken Schwingungen des Lichts vertreiben und vernichten diese Wesenheiten. Arbeitet deshalb ernsthaft mit dem Licht und lasst euch beim Meditieren und Beten von ihm durchfluten. Wenn ich vom Licht spreche, handelt es sich in Wirklichkeit um gute Wesen. Wenn sie sich in euch niederlassen, verhindern sie, dass andere eindringen.

Das soll aber nicht heißen, dass ihr nie gestört oder angegriffen werdet, wenn ihr eine starke Aura habt und von einer Festung des Lichts umgeben seid. Solange man auf der Erde lebt, ist man leider vor Angriffen und Kämpfen nie sicher. Aber wenn man sich gut mit Licht verbarrikadiert, sieht die Sache anders aus. Sogar die Eingeweihten müssen sich schützen. Ja, selbst die stärksten und mächtigsten unter ihnen müssen ständig auf der Hut sein und sich durch Lichtschranken und Flammenwälle vor den Angriffen der bösen Geister schützen. Und dann bilden schwache und unwissende Leute sich ein, sie brauchten keinerlei Schutz! Es wird Zeit, dass ihr begreift, wie wichtig und bedeutsam meine Erklärungen sind, denn sonst seid ihr allen schädlichen Strömungen ausgeliefert.

Einige werden sagen: »Aber man kann doch einen Talisman verwenden, um sich zu schützen.« Die breite Masse der Menschen ist von der Macht eines Talismans überzeugt; auch ich glaube an sie, sogar noch mehr als die anderen, nur eben auf eine ganz andere Art und Weise. Ich glaube erst dann an die Macht eines Talismans, wenn ihr geistig und körperlich mit dem, was er darstellt, mit seinen Kräften und Tugenden im Einklang handelt, denn auf diese Weise stärkt und nährt ihr ihn. Wenn ein von Reinheit durchdrungener Talisman wirkungsvoll bleiben soll, müsst ihr ein reines Leben führen, wenn er von Kraft geprägt ist, müsst ihr euch darin üben, diese Kraft in ihm zu nähren, usw. Aber wenn ihr auf einen Talisman zählt, ohne mit seinen Eigenschaften im Einklang zu leben, dann verliert er nach einiger Zeit seine Wirkung und »stirbt«. Nur wenn ihr ihn durch eure eigene Lebensweise unterstützt, ist er tatsächlich wirksam.

III

Die Medizin hat den Menschen sehr schlechte Angewohnheiten beigebracht. Sie brauchen nur in die Apotheke zu gehen, um sich für ihre Kopfschmerzen, Leberleiden oder Magenkrämpfe ein Heilmittel zu holen, das ihren Schmerz lindert. Es gibt sogar Pillen, die wieder fröhlich machen, wenn man traurig ist! Im spirituellen Leben dagegen gibt es leider keine Pillen. Hellsichtigkeit, magische Kräfte und Tugenden, die aus euch einen Eingeweihten machen können, müsst ihr selbst entwickeln.

Selbst wenn ihr euch an Bücher haltet, sind darin Übungen enthalten, die ihr selbst durchführen müsst. Gewiss, wenn ihr großen Wert darauf legt, könnt ihr sicher auch einen Scharlatan finden, der euch Himmel und Erde verspricht. Aber er nimmt euch erst einmal all euer Geld ab, und dann heißt es: »Lebe wohl, auf Wiedersehen!« und ihr seht ihn nie wieder. Aber dann klagt nicht, denn ihr habt es ja selbst so gewollt. Wenn man sich unbedingt ausplündern lassen will, gelingt einem das auch.

Ein wahrer Meister zeigt euch die Methoden, aber ihr müsst die Arbeit verrichten, um eure Wünsche zu verwirklichen. Das tut er nicht an eurer Stelle – es würde im Übrigen auch gar nichts nützen. Eine bleibende geistige Errungenschaft, eine dauernde psychische Gabe muss aus eurem Inneren, von eurer eigenen Anstrengung und Arbeit herrühren. Ein Meister kann euch also die Türen öffnen, aber eintreten müsst ihr selbst, er wird euch nicht mit Gewalt hineinstoßen; und wenn er sieht, dass ihr vorwärts kommt, öffnet er euch weitere Türen. Bei jedem Fortschritt zeigt der Meister euch einen höheren Grad, und ihr müsst dann diese neue Stufe erklimmen. Aber genau wie die Kinder, die ständig getragen werden wollen, tun auch die meisten Menschen nichts, um über sich selbst hinauszugelangen. Sie haben Angst vor der Vollkommenheit, die sie im Grunde doch begehren und wünschen, aber nie verwirklichen, weil in ihrem Inneren noch zu vieles unklar ist.

Wartet also nicht länger darauf, dass jemand euch auf einen Schlag erleuchtet, indem er euch die Hand auflegt und einige Zauberformeln spricht. So etwas würde niemand tun, nicht einmal euer Meister, der bei euch ist. Erwartet keine Wunder. Die größten Wunder umgeben euch bereits jetzt, jede Minute. Man verlangt ständig sensationelle Ereignisse, aber selbst wenn solche geschehen, haben die Zuschauer sie schnell wieder vergessen. In der Vergangenheit gab es Eingeweihte, die Wunder vollbrachten. Gewiss, die Leute waren eine Zeit lang von ihnen beeindruckt, aber das hinderte sie nicht daran, sich zu vergnügen und Verbrechen zu begehen.

Schaut, wie es bei Jesus war: Er vollbrachte vor einer begeisterten Menge Wunder... Und wenig später, nachdem sie ihn triumphierend mit: »Hosianna dem Sohne Davids!« in Jerusalem empfangen hatte, schrie dieselbe Menge: »Kreuzigt ihn!« Oft dienen Wunder nur dazu, das Volk zu amüsieren. Die wahren Wunder sind für mich die aufgehende Sonne, eine Blume, die sich öffnet, ein lächelndes Kind, ein Insekt, das sich seinen Weg durchs Gras bahnt. Das Wunder sind die Sterne, der Mensch selbst, seine Struktur... Und das größte Wunder ist, wenn das Herz eines Menschen sich wandelt. Warum? Weil es das Schwierigste ist.

Wer sich ändern will, muss sich anstrengen, denn die Verwandlung kann sich nicht mechanisch vollziehen oder von außen kommen. Die Hindus sagen: »Wenn der Schüler so weit ist, kommt der Meister.« Dieser Satz ist sehr tiefgründig, denn er beweist, dass der Schüler sich bemühen muss, um Hilfe anzuziehen. Sowie er sich angestrengt hat, erhält er Hilfe, das ist gewiss. Es gibt ein universelles Gesetz der Liebe und der gegenseitigen Hilfe, aber es wird nur bei eigener Anstrengung ausgelöst.

Zählt nicht länger auf die Wunder, die der Meister eurer Meinung nach für euch vollbringen sollte. Auf diese Weise macht ihr schnelle Fortschritte, denn dann kann der Meister euch weit besser helfen. Das mag rätselhaft klingen, aber im Grunde lähmt ihr die Person, wenn ihr euch ständig an sie heftet und alles von ihr erwartet. Sie kann nichts für euch tun und ihr bleibt unfruchtbar. Macht euch also an die Arbeit, bereitet euch vor, und wenn ihr genügend vorbereitet seid, bekommt ihr Hilfe. Es ist genau der gleiche Vorgang wie in der Alchimie, wenn der Alchimist die Materie lange und geduldig bearbeitet hat, sodass sie richtig vorbereitet ist, dann kommt der Universalgeist herab, um sie zu beleben. Dann kann der Alchimist mit einer sehr kleinen Menge dieses Stoffes alle Metalle in Gold verwandeln.

Die Christen sind stolz auf Jesus: »Unser Herr Jesus... keiner ist größer als er!« Ja, aber Jesus ist Jesus... und was sind sie selbst? Sie sind schwach und faul und tun nichts, um wie Jesus zu werden. Die Freude, dass Jesus eine Gottheit war, genügt nicht. Seine Erhabenheit ist kein Grund dafür, dass die Christen arme Schlucker bleiben! Sie müssen versuchen, ihn nachzuahmen.

Dies gilt nicht nur für die Christen. Auch Mohammedaner, Buddhisten, Juden und andere sind stolz, weil sie Mohammed, Buddha, Moses und alle heiligen Bücher hinter sich haben. Dass sie selbst schwach, bösartig und finster sind, ist unwichtig, sie gehören einer großartigen Religion an, und damit brüsten sie sich. Schaut doch nur einmal, wie die Christen Jesu Geburt feiern: Ein außerordentliches Ereignis, das muss gefeiert werden! Und wie? Man muss sich voll essen und sich betrinken... Jesus ist sicher glücklich und stolz, wenn er sieht, dass man seine Geburt mit einem Verhalten feiert, das seiner Lehre genau entgegensetzt ist.

Jetzt kommt eine Epoche, in der der Mensch nicht länger auf die Erhabenheit seiner Religion und ihrer Begründer zählen darf, sondern in der er sich um sein eigenes Wesen kümmern muss. Gewiss, er stützt sich dabei auf die Eingeweihten und die heiligen Bücher, das ist normal und sogar wünschenswert. Aber mit seiner Religion prahlen und selbst völlig mittelmäßig zu bleiben, das darf es nicht mehr geben.

Ich merke wohl, dass auch manche von euch sagen: »Ach, unser Meister ist großartig, er tut dies und jenes!« Aber sie selbst bessern sich nicht. Ich bin gar nicht so erfreut darüber, dass man sich mit meinem Namen schmückt, ohne eine Anstrengung zu unternehmen, meine Handlungsweise nachzuahmen oder wenigstens meine Sichtweise anzunehmen. Die Brüder und Schwestern meinen, es sei meine Sache, was ich tue, und machen in aller Ruhe weiter das, was ihnen gefällt. Sie hängen überall mein Foto auf und würden sogar dafür kämpfen, dass sie den besten, größten und außerordentlichsten Meister haben, aber dass sie ihn in seinen Einstellungen und seiner Philosophie nachahmten, das kommt nicht in Frage. Ein Meister ist dazu da, um verherrlicht zu werden, aber nicht, um nachgeahmt zu werden. Mein Gott, was für eine Mentalität! Und ihr könnt nicht behaupten, dass das nicht stimmt. Auch ihr solltet mich nicht mehr verherrlichen, sondern euch lieber entschließen, etwas von meinen Ideen anzunehmen und sie in die Tat umzusetzen, das wäre weitaus besser.

Es wird höchste Zeit, sich nicht mehr wie die Kinder zu benehmen. Wozu nützt euch ein Meister, wenn ihr weiterhin so irgendwie dahinlebt? Euch genügt, dass der Meister tadellos ist – und er muss tadellos sein. Übrigens weiß ich ganz genau, dass ihr völlig empört sein würdet, wenn ich mir auch nur die kleinste Übertretung erlaubte. Ihr würdet mich mit dem Vorwurf verlassen, dass ich euch enttäuscht hätte und eurer Vorstellung von einem Meister nicht mehr entspräche. Ich muss tadellos sein, während ihr euch alles erlauben könnt! Ihr versetzt die Eingeweihten in eine gesonderte Welt, das ehrt sie sehr, und sie fühlen sich außerordentlich geschmeichelt, aber es wäre besser, ihr würdet euch entschließen, in die gleiche Welt einzutreten, denn dann würdet ihr euch verpflichtet fühlen, eure Lebensweise zu verbessern. Ihr meint, die Eingeweihten seien sehr rein und edel – und das müssen sie auch sein –, aber was hat das schon mit eurem eigenen Verhalten zu tun? Nun, gerade darauf kommt es an, ihr müsst lernen, von euch selbst das zu fordern, was ihr von den Eingeweihten erwartet. Wollt ihr, dass sie ehrlich sind, dass sie euch nicht täuschen und euch helfen? Gut, dann verlangt von euch selbst, dass ihr den anderen gegenüber genauso handelt.

Wenn ihr alle Wahrheiten, die ich euch seit Jahren darlege, ernst nehmt, wenn ihr euch täglich mit jeder einzelnen so beschäftigt, als wäre sie ein Wesen, das vom Himmel gekommen ist, dann wird sich eine neue Welt vor euch auftun. Ihr dürft nicht vergessen, dass die Wesenheiten in der Höhe beobachten, wie ihr die von einem Meister gegebenen Wahrheiten einschätzt. Ein Meister gleicht einem Abgesandten, einem Botschafter, der ein ganzes Land – den Himmel – vertritt, und wenn ihr ihm Achtung schenkt, zeigt ihr damit, dass ihr auch das Land, welches ihn geschickt hat, schätzt. Der Himmel gibt mir ein, euch das zu sagen, was für eure Entwicklung notwendig ist. Und wenn ihr

meine Worte nicht ernst nehmt, wie wollt ihr dann
den Himmel überzeugen, dass ihr ihn respektiert
und liebt? Ihr könnt es nicht, und wenn er eure
Nachlässigkeit sieht, entzieht er euch seine Hilfe.

Wer die Gunst des Himmels auf sich lenken
will, muss mit dem Anfang beginnen: Seine Boten
ernst nehmen. Ihr ahnt nicht, wie viele Geistwesen sich verpflichtet haben, euch durch mich hindurch zu helfen. Ja, Tausende von Wesenheiten
sind gekommen, damit ihr euch weiterentwickelt,
und wenn ihr das auf die leichte Schulter nehmt,
ist es schade um euch; ich setze meine Arbeit fort,
auch wenn ihr sie nicht versteht. Ich würde sie
auch ohne euch verrichten und selbst davon profitieren. Mir wäre es natürlich lieb, wenn auch ihr
einen Nutzen davon hättet, aber ihr müsst wissen,
dass dies nur dann möglich ist, wenn ihr euch bewusst werdet, wie viele Wesenheiten und Kräfte
sich der Arbeit der großen Universellen Weißen
Bruderschaft verpflichtet haben, und wenn ihr
euch entschließt, euer Leben zu ändern, um ernsthaft an dieser Arbeit mitzuwirken.

VIII

DER SCHÜLER VOR DEM MEISTER

I

Die Polarisierung ist eine psychologische Methode, die man erst richtig anwenden lernen muss. Wenn zwei Menschen auf die gleiche Weise polarisiert sind, ergibt dies keine guten Ergebnisse. Stellt euch zum Beispiel ein Ehepaar vor: Der Ehemann ist wütend, er schreit und fuchtelt herum. Würde die Frau das Gleiche tun, brächten sie sich gegenseitig um. Sie sollte im Gegenteil die Einsicht aufbringen, sich negativ zu polarisieren, alles ohne Widerspruch anzunehmen und lächelnd zu sagen: »Ja, Liebling, sehr gut, Liebling...« Dann beruhigt er sich, sieht ein, dass er zu weit gegangen ist und entschuldigt sich.

Das Gesetz der Polarisation betrifft viele Bereiche. Wenn ein Schüler seinen Meister aufsucht, und, anstatt auf ihn zu hören, anfängt zu diskutieren und zu widersprechen, kann er keine Fortschritte machen. Denn wenn ein Meister so etwas sieht, hält er sich zurück. Wie wollt ihr in eine ge-

füllte Flasche Wasser gießen? Es würde in den
Staub laufen und sich verlieren. Ein kluger Schüler weiß sich zu polarisieren. Bei seinem Meister
ist er aufnahmebereit, hört ihm zu, nimmt die er-
teilten Wahrheiten auf und geht bereichert von
dannen.

Ein Schüler sollte seinen Meister natürlich nicht
nur in der Absicht aufsuchen, sich dessen Wissen
anzueignen. Er sollte ihm auch etwas mitbringen.
Ihr fragt: »Was kann ein Schüler seinem Meister
denn geben?« Das werdet ihr gleich sehen.

Überall, in allen Ländern ist es Sitte, ein Geschenk mitzubringen, wenn man jemanden be-
sucht. Es handelt sich hier um einen uralten
Brauch, der auf dem Gesetz beruht, vor niemandem mit leeren Händen zu erscheinen. Wenn man
jemanden aufsucht, sollte man immer den
Wunsch haben, ihm etwas zu geben. Ich habe
euch schon oft gesagt, wie wichtig es ist, morgens
niemanden mit einem leeren Gefäß in der Hand zu
begrüßen, denn damit wünscht ihr ihm einen leeren Tag. Glaubt nicht, es handle sich hierbei um
einen Aberglauben, von dem die hoch entwickelten Menschen des zwanzigsten Jahrhunderts sich
lösen müssten. Nein, es ist kein Aberglaube, sondern ein Gesetz der geistigen Welt, das oft über-
prüft wurde.

Wenn ihr also jemanden besuchen wollt, ach-
tet darauf, dass ihr nie mit einem leeren Gefäß zu

ihm kommt. Ihr solltet sogar versuchen, euch in Gedanken mit den besten Dingen zu beladen: mit Blumen, Früchten, Gold, Licht und Segen. Man muss sich angewöhnen zu geben, und zwar das Beste, was es für die Wesen gibt. Natürlich ist das eine Philosophie, die unter den Menschen nicht besonders verbreitet ist. Die meisten haben vor allem das Nehmen gelernt. Überall wo sie hingehen, denken sie nur ans Nehmen. Menschen und Dinge interessieren sie nur so weit, wie sie sich ihrer bedienen können. Selbst in einer Einweihungsschule, bei einem Meister wollen sie nehmen. Aber da es dort außer den Wahrheiten, die sie nicht sonderlich interessieren, nicht viel zu holen gibt, langweilen sie sich und gehen bald wieder.

Jetzt möchte ich euch eine Methode geben. Stellt euch vor, ihr hättet in eurem Inneren einen fruchtbaren Boden, ihr wäret wie ein Garten, in dem ihr allerlei Blumen und Früchte anbaut, und wenn ihr hierher kämt, würdet ihr den anderen die Erträge aus eurem Garten mitbringen. Ihr könnt euch noch nicht vorstellen, welche Empfindungen das verursacht. Allein durch den Wunsch, für die anderen etwas zu tun, öffnen sich Türen vor euch. Alles erscheint euch anders, ihr entdeckt ständig etwas Neues. Wenn ihr geben, den anderen etwas bringen wollt, dann sprudelt das Leben in euch.

Wenn der Schüler seinen Meister aufsucht, sollte er den Wunsch haben, ihm die Geschenke seiner Seele und seines Geistes mitzubringen. Die bloße Absicht, seine Lehre, seine Weisheit und sein Licht zu empfangen, genügt nicht. Er muss als Gegengabe etwas von seinem Inneren aufopfern, denn sonst wird er nichts wahrnehmen, nichts verstehen und genauso schwach und durchschnittlich wie er war, wieder gehen. Im Orient bringt der Schüler seinem Meister wenigstens eine Frucht oder eine Blume mit und erscheint nie mit leeren Händen vor ihm. Der Meister braucht die Gaben sicherlich nicht; es handelt sich um eine Tradition, die den Schüler lehrt, nicht alles von seinem Meister zu erwarten. Was der Schüler seinem Meister mitbringen sollte, ist nicht so sehr eine Frucht oder eine Blume, sondern vielmehr einen erhöhten Bewusstseinszustand, denn nur dann kann er von dem Reichtum seiner Lehre profitieren.

II

Viele behalten auch hier bei uns ihre persön-
lichen und sogar anarchistischen Einstellungen.
Ich habe aber meine eigene Ausdrucksform, der
ihr euch anpassen müsst. Ich nehme eine Stimmgabel, die mir das »A« gibt, und wenn wir miteinander Musik machen wollen, müsst ihr von mir
und nicht ich von euch den Ton annehmen, denn
ihr seid alle verschieden gestimmt, und wenn ich
erst den Ton von dem einen und dann von dem anderen nehmen würde, fänden wir nie ein Ende.
Wenn ich mich nach dem Geschmack, den Wünschen, Vorhaben, Programmen und Launen eines
jeden Einzelnen richten sollte, würde es Jahrhunderte dauern, bevor die Harmonie sich einstellt.
Hätte ich mich mit der Wellenlänge des einen in
Einklang gebracht, würde ich mit den anderen
nicht mehr übereinstimmen, denn alle haben ihre
eigene Wellenlänge. Wenn ich nur mit einem nach
dem anderen in Harmonie schwingen würde, hät-

tet ihr dann die Geduld, bis zum Schluss zu warten? Bei so vielen verschiedenen Wellenlängen gäbe es genau das gleiche Durcheinander als würden hundert Radiosender auf einmal reden!

Ich kenne eine sehr einfache Lösung: Wir brauchen alle nur die gleiche Wellenlänge anzunehmen, dann ist alles in Ordnung. Das Ergebnis werdet ihr selbst sehen: Wenn ihr wieder abreist, fühlt ihr eine ganz neue Schwingung in euch: Befürchtungen und Sorgen sind verschwunden. Dann hattet ihr euch alle für die gleiche Wellenlänge entschlossen: meine. Heißt das nun, dass ich euch an mich fesseln, euch hypnotisieren und unterdrücken will? Nein! Bei euch zu Hause könnt ihr ruhig auf allen möglichen Wellenlängen schwingen. Ihr seid frei und könnt singen, schreien und kreischen so viel ihr wollt, keiner hat das Recht, euch daran zu hindern. Aber wenn ihr euch einmal entschieden habt, hierher zu kommen, dann stimmt euch im Interesse der gemeinsamen Harmonie auf mich ein, das ist die beste, wirkungsvollste und ökonomischste Haltung. Solange ihr hier seid, müsst ihr euch der »Sprache des Gastlandes« anpassen.

Wenn ihr euch entschließt, mit mir im Gleichklang zu schwingen, seid ihr es, die davon profitieren. Das sage ich nicht, um euch zu verhexen und zu beherrschen, sondern weil es in eurem Interesse liegt. Wenn ihr euch auf meine Schwin-

gungen, meine Ideen und meine Gedanken einstellt, könnt ihr aus eurem Aufenthalt hier viel
größeren Nutzen ziehen. Denn ihr wisst, meine
einzige Sorge ist, euch nützlich zu sein, andere
Sorgen habe ich nicht. Wenn ich hierher komme,
kümmere ich mich ohne Unterlass um euch.
Selbst wenn ich euch nichts sage, rede ich im Stil-
len zu euch und erkläre euch, was ihr wissen
müsst. Ich möchte immer, dass ihr glücklich seid
und in Frieden lebt, denn für mich besteht das
Glück darin, die Menschen glücklich zu sehen.
Wenn ich euch nicht zufrieden stellen kann, bin
ich traurig, das wisst ihr, aber wenn ich euch
glücklich und strahlend sehe, gehe ich froh nach
Hause und danke dem Schöpfer.

Wenn ihr keine Angst habt, euch innerlich mit
mir in Einklang zu bringen, zieht ihr den Nutzen
daraus, denn mein einziger Wunsch ist, wie gesagt, euch zu helfen. Wenn wir also zusammen
sind – auch wenn wir schweigen – könnt ihr
meine Gedanken und einige Teilchen, die von mir
ausgehen, viel leichter auffangen, wenn ihr mit
mir verbunden seid und mit mir in Harmonie
schwingt. Ihr seid es, die dabei gewinnen. Diejeni-
nigen, die das schon seit Jahren prüfen, sind davon überzeugt. Es ist nicht einmal der Mühe wert,
davon zu reden, sie wissen, dass diese Haltung,
dieser Einklang, diese Harmonie eine wohltuende
Wirkung auf sie haben.

Wenn ihr auf der gleichen Wellenlänge schwingt wie ich, wenn ihr die gleichen Gedanken, Gefühle und Interessen habt wie ich, öffnen sich vielleicht neue Horizonte in eurem Inneren und ihr nehmt neue Schwingungen auf. Da ich nur ein Übermittler bin, und nichts anderes will ich sein, damit die göttliche Welt euch durch mich helfen kann, vergehen eure Sorgen, euer Kummer, eure Probleme und eure Qualen. Das wünsche ich von ganzem Herzen.

In einem Chor oder einem Orchester müssen alle der Partitur, dem Rhythmus und den vom Dirigenten angezeigten Nuancen folgen. Kein Sänger oder Musiker darf tun, was ihm gefällt, sonst gäbe es schreckliche Missklänge. Orchester und Chor sind Symbole für den Einklang und die Harmonie, die unter den Menschen herrschen sollten. Aber leider findet man diese Harmonie fast nirgends vor. Alle haben gelernt, ihren eigenen Willen durchzusetzen, keiner denkt daran, sich mit den anderen in Einklang zu bringen, keiner denkt daran, sich mit den anderen zu harmonisieren. Und dieser disharmonische Zustand ist so geläufig und auf der ganzen Welt derart verbreitet, dass man selbst in einer Einweihungsschule die gleiche anarchistische Haltung beibehält. Jeder will machen, was ihm gefällt, und der arme Lehrer steht ganz alleine da und schaut sich das Chaos an.

Man sollte nun mehr und mehr begreifen, dass ein Lehrer einem Dirigenten gleicht. Er ist dazu da, damit Harmonie herrscht, und deswegen sollte sich jeder mit ihm synchronisieren. Er ist die Stimmgabel, auf die sich alle einstimmen müssen – dann gleichen sie Harfen, die, wenn der Wind sie streift, eine wunderbare Musik ertönen lassen. Eine Stimmgabel ist unentbehrlich, und dies ist die Rolle des Lehrers. Die Schüler müssen begreifen, dass er dazu da ist, die Harmonie einzuführen und aufrechtzuerhalten. Solange jeder in seiner Ecke nur das macht, was ihm gefällt, kommt niemand vorwärts.

Aber versteht mich richtig: Der Schüler soll sich deshalb auf seinen Meister einstimmen, weil der Meister imstande ist, ihn mit dem universellen Leben, mit dem göttlichen Leben in Einklang zu bringen. Ja, denn womit sollte sich sonst ein Meister beschäftigen...? Er versucht jeden Tag mehrmals, sich mit dem Himmel zu harmonisieren, mit ihm im Einklang zu schwingen, und diese Harmonie übermittelt er dann seinen Schülern.

Ich bin für euch also wie eine Stimmgabel, und wenn ihr euch mit der himmlischen Welt harmonisieren wollt, dann versucht euch meiner Philosophie anzupassen, sonst kommt ihr nicht voran, selbst wenn ihr euer ganzes Leben in einer Einweihungsschule verbringt. Ihr seid aus freien Stücken hierher gekommen, ich habe euch nicht bei der Gurgel gepackt, um euch zu holen. Wenn ihr euch jedoch überhaupt nicht auf mich einstellen wollt, dann ist euer Aufenthalt hier unnütz, und ihr könntet eure Zeit besser nutzen, indem ihr euch anderswo amüsiert... Ja, seht ihr, euch ist nicht einmal klar, warum ihr in die Bruderschaft kommt. Wenn ihr lernt, auf der gleichen Wellenlänge zu schwingen wie ich, wandelt sich euer ganzes Leben, denn ich habe mich auf andere Wesen, die mich übertreffen, eingestimmt. Ich verbinde mich ständig mit ihnen, um keine Irrtümer zu begehen, um euch keinen Schaden zuzufügen, denn ich weiß, dass ich die Verantwortung dafür trage.

Bei manchen Brüdern und Schwestern, die hierher kommen, merke ich, dass sie ein Gefühl von Furcht und Misstrauen behalten. Sie sind sich dessen übrigens gar nicht bewusst, aber innerlich haben sie Angst, ihre Freiheit, ihre Unabhängigkeit und ihre Kraft zu verlieren. Sie sagen sich: Man kann ja schließlich nie wissen, ob ein Meister einen hypnotisieren, verwünschen oder nach Gutdünken ausnutzen will. Nein, in Wirklichkeit könnt ihr euch gar nicht vorstellen, wie sehr ein wahrer Meister sich seiner Verantwortung bewusst ist. Er weiß, dass er dem Himmel für alle seine Taten Rechenschaft ablegen muss. Folglich zählt der Himmel für ihn mehr als ihr... Ich würde sogar sagen, dass ihr für mich nichts anderes als eine Baustelle seid, auf der ich arbeite. Entschuldigt, dass ich so etwas zu euch sage, aber das entspricht der Wahrheit. Ich kümmere mich um euch, ich belehre und führe euch, weil der Himmel mir diese Aufgabe gegeben hat, aber ich denke bei meiner Arbeit nicht an euch, sondern an die Wesen der göttlichen Welt, die ich zufrieden stellen muss.

Also freut euch, denn hättet im Gegenteil nur ihr für mich gegolten und nicht die himmlischen Wesen, dann hätte ich viele Dummheiten mit euch angestellt. Aber da mir der Gedanke, dass es höhere Wesen gibt, denen ich eines Tages Rechenschaft abzulegen habe, nie aus dem Sinn gegangen ist, habt ihr den Nutzen davon. Wenn ich diese Wesen vergessen hätte, um nur an euch zu denken, hätte ich ungewollt schwere Fehler begangen, denn wenn man die Verbindung zu ihnen abbricht, macht man unweigerlich alles falsch. Man darf nie auf die menschliche Intelligenz und Güte allein zählen, denn wenn sie nicht von göttlicher Intelligenz und göttlicher Güte herrühren, können sie euch nur in Abgründe führen.

Anstatt beleidigt zu sein, wenn ich euch sage, dass ihr mir gar nicht so wichtig seid, solltet ihr euch also freuen! Euch sollte es weniger darauf ankommen zu wissen, ob ihr für mich zählt oder nicht, als zu spüren, ob ihr innerlich reicher, stärker, weiser, besser und glücklicher werdet. Wenn dem so ist, braucht ihr euch um den Rest nicht zu kümmern! Aber ihr müsst wissen, dass in dem Moment, wo ihr Teil meiner Arbeit seid und ich die Verantwortung habe, euch das wahre Wissen zu lehren und euch auf den richtigen Weg zu bringen – indem ich euch das gebe, was ich selbst erhalten habe –, ihr sehr viel Bedeutung für mich habt.

Ich möchte gerne, dass ihr mir von nun an mehr Vertrauen entgegenbringt. Ich will euch weder beherrschen noch täuschen; nicht weil ihr, wie gesagt, in meinen Augen so wichtig seid, sondern weil ich Wesenheiten, die man unmöglich irreführen kann, Rechenschaft ablegen muss. Wenn ihr aufnahmebereit und vertrauensvoll seid, kann ich große Wahrheiten in eure Seele legen. Das geschieht ohne euer Wissen, aber eines Tages, wenn ihr es am wenigsten erwartet, wenn ihr auf der Straße oder zu Hause seid, tauchen diese Wahrheiten plötzlich in eurem Bewusstsein auf, und dann seid ihr von ihnen wie geblendet.

IX

DIE UNIVERSELLE DIMENSION
EINES MEISTERS

Ihr solltet nicht meinetwegen, sondern wegen der Lehre in die Bruderschaft kommen, denn die Lehre ist reich, umfassend und unendlich. Wenn ihr meinetwegen kommt, weil ich euch einmal angelächelt habe, zieht ihr euch an dem Tag zurück, an dem ich es zufällig nicht tue. Es stünde also keine ernsthafte Absicht dahinter. Ein Meister ist sehr beschäftigt, oft überlastet und hat nicht immer die Zeit, jeden anzusehen und anzulächeln. Die Schüler sollten dies nicht von ihm erwarten, sonst werden sie am Ende sowohl ihren Meister als auch die Lehre verlieren. Was kann ein Meister mit einem Schüler anfangen, der nur seiner Person, nicht aber seinen Ideen anhängt? Er spürt, dass der Schüler ihn nur an sich ziehen und vereinnahmen will, und da er weiß, wie gefährlich das für ihn ist, setzt er alles daran, sich von ihm zu entfernen und ihm zu entkommen. Dagegen hilft und unterstützt er den an der Lehre interessierten

Schüler, weshalb der kluge Schüler beides gewinnt: die Lehre und seinen Meister. Ihr seht, das ist klar, wenn ihr mir näher kommen wollt, dann haltet euch an die Lehre.

Wie viele Briefe habe ich nicht in meinem Leben von gewissen Frauen erhalten (die übrigens große Qualitäten besaßen, das streite ich nicht ab), die sich aber eine sonderbare Idee in den Kopf gesetzt hatten: Sie wollten mich unbedingt heiraten. Ich konnte ihnen lang und breit erklären, dass ich schon verheiratet bin, dass die Universelle Weiße Bruderschaft meine Frau, meine Verlobte ist. Aber nichts zu machen! Ich erklärte es ihnen freundlich (obwohl ich manchmal recht wütend war), aber sie waren unfähig zu verstehen, warum ich sie nicht heiraten konnte. Ich sage euch ganz offen: Wenn Brüder und Schwestern sich nur an meine Person klammern, bekomme ich es mit der Angst zu tun, denn ich weiß, wie viele Unannehmlichkeiten mich deshalb erwarten und tue alles, um mich von ihnen zu entfernen. Wie kann man ihnen nur verständlich machen, dass sie etwas Unmögliches und Gefährliches verlangen?

Wenn man das Buch der lebendigen Natur zu lesen und zu entziffern weiß, versteht man, dass Ordnung und Harmonie nur deswegen im Universum herrschen, weil die Sonne im Zentrum steht und im Zentrum bleibt. Deshalb sollte ein Eingeweihter, ein Meister, der für die Fortentwicklung so vieler Menschen, verantwortlich ist, von Zeit zu Zeit ein Gespräch mit ihr führen: »Hör' zu, liebe Sonne, es gibt so viele Menschen, die mich lieben und mich an sich ziehen wollen! Was rätst du mir? Was soll ich tun?« Dann antwortet ihm die Sonne: »Schau mich an und mach' es wie ich. Die Planeten lieben mich auch sehr, sie kreisen um mich herum, aber ich bleibe in der Mitte und gehe nicht von der Stelle, um mich dem einen oder anderen zu nähern. Obgleich sie mir zuflüstern: ›Oh, meine liebe Sonne, könnte ich mich nur an dich kuscheln und dich umarmen! Komm doch zu mir...‹ Nun überlege ich und stelle fest, dass auch ich die Planeten liebe und vielleicht noch mehr als sie mich. All ihre Liebe zusammen kann sich mit der Unermesslichkeit meiner Liebe nicht vergleichen, denn sie ist völlig uneigennützig und nur mit Licht, Wärme und Leben erfüllt. Aber ihretwegen bin ich nun einmal gezwungen, an meinem Platz zu bleiben und darf ihnen nicht nachlaufen, denn sonst würde das den Weltuntergang bedeuten. Wie du siehst, muss ich in der Mitte bleiben, um Harmonie, Leben und Glück im ganzen Universum aufrechtzuerhalten. Also mache es wie ich, niemand hindert dich daran, alle Menschen zu lieben, ihnen Licht und Inspiration zu bringen, sie emporzuheben und sie in himmlische Sphären zu führen, aber den Mittelpunkt darfst du nicht verlassen.« – »Ja, aber gerade das verlangt man von mir!« – »Oh je!« antwortet die Sonne, »wenn du jetzt auf die Wünsche und Launen von weiß Gott wem eingehen willst, bricht doch alles zusammen...!«

Eine Einweihungsschule gleicht einem Sonnensystem: In ihr gibt es viele Planeten – und leider auch Kometen, die näher kommen und sich wieder entfernen... Der Meister steht wie die Sonne im Zentrum und muss im Zentrum bleiben. Er gibt seine Kraft, seine Wärme, sein Licht, seinen Segen und seine Ideen, aber er verlässt seinen Platz nicht und bleibt im Mittelpunkt. Manche, die nicht wussten, dass ihre Entscheidung eine wahre Katastrophe verursachen könnte, nahmen eine ihrer Schülerinnen zur Frau, und als die andern Schüler das erfuhren, verließen sie ihn. Wenn ein Meister so handelt, ist er keine wahre Sonne, eher ein Mond, denn der Mond, als Symbol betrachtet, lässt sich leichter beeinflussen, ist unbeständig, sentimental und wird von der Erde angezogen. In unserem Sonnensystem gab es bereits mehrere Monde. Die Kontinente sind Monde, die auf die Erde herabgefallen sind... Vielleicht glaubt ihr mir nicht, aber so steht es in den Archiven der Einweihungswissenschaft geschrieben.

Alle Eingeweihten, die diese mondhafte Natur haben, das heißt eine sehr ausgeprägte Empfindsamkeit und Sentimentalität besitzen, lassen sich von den Menschen anziehen, wechseln ihren Platz und verlassen das Zentrum. Die wahren Sonnen dagegen überlegen, denken nach und sind beständig. Das bedeutet nicht, dass sie kaltherzig, kühl und egoistisch sind. Nein, sie geben ihre Liebe, ihr Licht und ihre Kräfte, aber sie behalten ihren Platz im Zentrum. Selbst die entzückendsten Mädchen und Prinzessinnen rühren sie nicht. Sie sagen: »Ich schenke euch meine Zuneigung und meine Ausstrahlung, aber lasst mich da, wo ich bin.«

Wenn ihr euch an die Lehre haltet, die ich euch gebe, dann seid ihr immer mit mir verbunden. Wenn ich eine Seele sehe, die für das Licht arbeitet, werde ich von ihr angezogen wie ein Falter vom Licht einer Lampe. Aber nur unter der Bedingung, dass sie für das Licht arbeitet. Sonst ist nichts zu machen, weder Versprechungen noch Drohungen können mich erweichen. Ich liebe das Licht, die Schönheit und die Reinheit. Wenn ihr an diesen Qualitäten arbeitet, bin ich ständig bei euch, dann unterstützen, helfen und beschützen euch meine Gedanken. Wenn ich jedoch merke, dass jemand mich für sich allein in Anspruch nehmen will, ohne den anderen etwas zu lassen, machen mir so viel Egoismus und Unverständnis Angst, und ich setze alles daran, um zu entkommen. Ihr sollt nicht hierher kommen, um euch

meiner zu bemächtigen, sondern um zu lernen
und zu arbeiten.

Solange ihr mich nur auf der physischen
Ebene sucht, kann ich euch nie zufrieden stellen,
denn ich habe materiell nicht die Zeit, mich phy-
sisch um jeden Einzelnen zu kümmern. Wenn ich
euch treffe, kann ich euch eine Haselnuss, eine
Pistazie, einen Bonbon oder ein Lächeln schenken, das ist alles... Wenn ihr jedoch in den Bereich
der Gedanken und des Geistes aufsteigt, kann ich
mich gleichzeitig und ununterbrochen um euch
alle kümmern. Jeden Tag, zu jeder Tages- und
Nachtzeit bekommt ihr etwas. Denn ein Eingeweihter hat gelernt, mit den Gedanken zu arbeiten
und kann Kraftströme im feinstofflichen Bereich
herstellen. Aus diesem Grunde kann er im ganzen
Universum zugegen sein und Pflanzen, Ozeane
und Sterne mit seiner Quintessenz durchströ-
men... Ihr meint: »Welch ein Hochmut, welch
eine Eitelkeit!« Ihr könnt denken, was ihr wollt,
ich sage euch die Wahrheit.

Wenn ihr mich im physischen Bereich sucht,
bin ich euch nicht sehr dienlich. Wenn ihr mich jedoch in anderen Sphären erreichen könnt, wird
euch gewahr, dass ich mich ständig um euch kümmere. Wie? Das ist meine Sache! Mich interessiert nur eines: Ich will mich um euch und viele
andere, die ihr nicht kennt, kümmern. Wenn ihr
nicht merkt, dass ihr etwas bekommt, seid ihr ver-

schlossen und konntet nicht in die lichtvollen
Ebenen aufsteigen, um zu erkennen, dass ich euch
mit den wesentlichsten Elementen nähren will.
Ich sage euch ganz bescheiden und einfach: In anderen Bereichen kümmere ich mich ständig um
euch. Es gibt auch noch andere, lichtvolle Wesen,
die sich um euch kümmern... Denn ein Meister,
ein wahrer Meister, der sich über den Wert der
göttlichen Arbeit bewusst ist, steht immer mit
dem Himmel in Verbindung. Selbst wenn er fort-
geht, um andere Arbeiten zu verrichten, bleibt er
immer mit seiner Bruderschaft verbunden. Deshalb sind während seiner Abwesenheit Wesen der
unsichtbaren Welt zugegen, die sich offenbaren,
um ihn zu vertreten und die Gemeinschaft aufrechtzuerhalten und zu unterstützen.

Der Schüler kann nichts verlieren, wenn er
seinem Meister vertraut und ihn liebt. Er wird immer unterstützt, erleuchtet, belebt und es wird ihm
geholfen, entweder vom Meister selbst oder von
jenen, die ständig mit ihm verbunden und immer
zugegen sind. Diese Erfahrung haben viele gemacht: Als ich anderweitig beschäftigt war und
nicht einmal etwas von ihren Schwierigkeiten
wusste, wurde ihnen geholfen. Sie nahmen an, die
Hilfe sei von mir ausgegangen. Nein, ich hatte
nichts damit zu tun, sie kam von den Freunden der
unsichtbaren Welt, die an meiner Stelle einge-

sprungen waren. Sie sind weder hochmütig noch
eitel und es stört sie keineswegs, mein Gesicht anzunehmen, um bei euch zu erscheinen. Aber ich
bin der Letzte, der etwas davon erfährt.

Vor einiger Zeit bekam ich von einem Physi-
ker und Forscher des CNRS* einen Brief, in dem
er mir schrieb: »Meister, wie viel Licht und Klarheit geht von Ihren Büchern aus! Ich habe zahlreiche geistige Bewegungen kennen gelernt und
viele esoterische Bücher gelesen, aber nirgends
habe ich auf die wesentlichsten Fragen Antworten
von so großer Klarheit gefunden. Ich würde Sie
gerne treffen, aber nur Sie allein, denn am ge-
meinschaftlichen Leben liegt mir nichts. Könnten
Sie mich empfangen?« Was soll ich eurer Meinung nach darauf antworten? Er sollte lieber nicht
kommen, denn er ist nicht genügend vorbereitet.
Leute, die sich nur für unsere Ideen interessieren,
weil sie sie später für ihre eigenen egoistischen
Absichten verwenden wollen, brauche ich hier
nicht. Ich brauche Menschen, die das gemein-
schaftliche Leben gern haben und an der kollekti-
ven Arbeit teilnehmen wollen, um das Reich Gottes auf Erden herbeizuführen. Wenn mir manche
geradeheraus sagen, dass sie die Gemeinschaft
nicht mögen und nur mich treffen wollen, frage
ich mich, was sie wohl mit meinen Worten anfan-

* Staatliches französisches Forschungsinstitut (Centre National de
la Recherche Scientifique).

gen wollen und lege keinen Wert auf ihren Besuch. Es ist mir eine große Ehre, dass sie sich zu mir bemühen wollen, aber solche Egoisten brauche ich nicht. Sie sollen hingehen wohin sie wollen, aber nicht hierher!

Ich gehe sogar noch weiter. Nehmen wir einmal an, ich hätte mich entschlossen, keine Vorträge mehr zu halten und euch nichts mehr zu enthüllen. Nun, das wäre für euch kein Grund, nicht mehr in die Bruderschaft zu kommen. Denn man geht nicht in eine geistige Lehre, nur um Kenntnisse zu erwerben, so wie es in den Schulen und Universitäten üblich ist, wo die Schüler ihre Lehrer verlassen, sobald das Studium abgeschlossen ist. Natürlich sollt ihr hier auch etwas lernen, aber der Unterricht soll euch dazu befähigen, eine Arbeit zu verrichten. Und diese Arbeit besteht darin, gemeinsam eine »Batterie« außerordentlicher Kraft herzustellen. Ja, Hunderte von Seelen und Geistern, die miteinander vereint magische Wellen ungeheurer Kraft erzeugen, um den in Finsternis und Leiden abgesunkenen Menschen Hilfe und Licht zu bringen... bis zu dem Tag, an dem wir endlich das Reich Gottes auf Erden einführen können. Ihr solltet euch weder meine eigene Person, noch das Wissen als Ziel setzen, sondern die geistige Arbeit für das Wohl der Menschheit. Und diese Arbeit kann in alle Ewigkeit andauern.

X

DIE MAGISCHE GEGENWART
EINES MEISTERS

Als ich ein Schüler von Peter Deunov war, war ich sehr arm. Ich hatte nichts als ein Bett, eine Geige, ein paar Bücher und verbrachte Wochen in den Bergen, um zu lesen und zu meditieren. Von Zeit zu Zeit ging ich arbeiten, um mir ein bisschen Geld zu verdienen. Wenn ihr meine Kleidung und meine Schuhe gesehen hättet! Aber ich war glücklich, denn ich fühlte mich reich... So unbeschreiblich reich, dass ich den Eindruck hatte, mein Kopf und mein Herz enthielten alle Schätze des Universums. Einen Meister zu haben, könnt ihr euch vorstellen, was das bedeutet? Ich fühlte, dass ich mit seiner Hilfe alles realisieren würde, was ich mir an Kostbarkeiten wünschte.

Ja, wenn ich euch erzählen würde, wie glücklich und froh ich war, als ich meinen Meister traf, würdet ihr mir nicht glauben. Und selbst heute empfinde ich noch so. Ihr wendet ein: »Aber Sie brauchen doch keinen Meister mehr, Sie sind doch jetzt selbst ein Meister.« Selbst wenn ich ein Meister bin, selbst wenn ich der größte von allen werden sollte, hätte ich allen Meistern gegenüber den gleichen Respekt, die gleiche Hochachtung und die gleiche Liebe. Ja, so ist es.

Im Westen sind die Menschen sich nicht bewusst, was ein Meister für den Lauf ihres Schicksals bedeuten kann. Sie wissen nicht, welche Wirkung seine Gegenwart auf ihre Existenz haben kann, wie viel er verbessern, lenken, richtig stellen und harmonisieren kann. An einem Meister ist ihnen nichts gelegen, weil sie wissen, dass sie dann nicht mehr in aller Ruhe Dummheiten anstellen können, denn er weist auf die Gefahren hin, die sie auf dem einmal eingeschlagenen Weg antreffen. Dadurch fühlen sie sich natürlich etwas behindert, und das wollen sie nicht. Übrigens braucht man sich keine Illusionen machen, selbst wenn sie einem Meister begegnen und ihn als solchen akzeptieren, ziehen sie trotzdem noch allerlei unbedeutende und belanglose Dinge vor. Der Meister ist in ihrem Leben nur eine kleine Verzierung, eine Art Orden! Er ist ihr Knecht und hat ihnen zu gehorchen. Sie sind die wahren Herren und der arme Meister ist dazu da, ihre Launen zu befriedigen. Und wenn er wagt, etwas zu sagen, was dem Schüler nicht gefällt, dann solltet ihr die Reaktion des Schülers sehen!

Nur im Osten weiß man den Wert eines Meisters noch zu schätzen. Dort brauchen sie einen Führer, der sie anregt, inspiriert und mit dem Himmel verbindet. Wenn sie ihren Meister gefunden haben, zweifeln sie nicht an ihm und widersetzen sich ihm nicht. Er ist für sie der Weg, der sie zu den Gipfeln führen kann. Oft hat der Meister kaum ein Wort mit ihnen gesprochen und sich nicht um sie gekümmert, aber sie wissen, dass es ihn gibt. Und deshalb sind sie glücklich und machen Fortschritte, denn sie lieben ihn, glauben an ihn und sind mit ihm verbunden. Selbst wenn sie unglücklich, arm und krank sind oder im Sterben liegen, fühlen sie sich allein durch den Gedanken, dass ihr Meister existiert, getröstet und gestärkt. Mit Hilfe dieses Gedankens gelingt es ihnen, alle Prüfungen zu durchstehen. Einzig und allein durch die Vorstellung, dass sie einen Meister haben, entwickeln sie sich bereits, machen Fortschritte, lernen und werden stark. Denn das Bild, das sie von ihm im Kopf und Herzen tragen, ist allmächtig. Dies ist der innere Meister, der ihnen die Türen öffnet, oft ohne dass der physische Meister etwas davon weiß.

Wie oft haben mir Brüder und Schwestern gesagt: »Eines Tages, als ich krank war, als ich Schwierigkeiten und schreckliche Prüfungen durchzumachen hatte, habe ich Sie gerufen. Sie sind gekommen, haben mit mir gesprochen, und später haben sich alle Ihre Worte realisiert.« Ich war ganz erstaunt, denn ich wusste gar nichts davon. Wie kommt es nur, dass ich nichts davon gemerkt habe?

Nun, der Schüler trägt den Meister in seinem Inneren, in seinem Kopf und in seiner Seele, und dieser Meister ist stark und mächtig, kann ihm helfen, ihn trösten und heilen. Denn was kann ich selbst schon tun! Wenn manche Leute mir erzählen, was ihnen widerfahren ist, bin ich immer ganz erstaunt und sage mir: »Oh, in Ihnen wohnt ein großartiger Meister, der Wunder vollbringt, zu denen ich nicht fähig wäre.« Ihr seht, es kommt nicht so sehr auf den Meister selbst an, sondern auf das, was ihr glaubt, wie ihr über ihn denkt, was ihr euch unter ihm vorstellt und welches Bild ihr euch von ihm macht. Angenommen, ihr hättet einen allmächtigen, allwissenden Meister, den ihr aber für klein, dumm und schwach haltet, dann würde er euch nicht helfen können. Warum nicht? Weil es einzig und allein auf euren Glauben an ihn und eure Einstellung ankommt.

Wenn ihr sagt: »Ich möchte dem größten Meister begegnen, damit er mich belehrt«, so antworte ich euch, dass ihr die Sache falsch seht. Ihr könnt dem höchsten Meister der Welt begegnen, aber wenn ihr noch nicht an euch selbst gearbeitet habt, das heißt, wenn ihr nicht wisst, wie man einen Meister verstehen und lieben soll, wie man seine Belehrungen schätzen soll, würdet ihr nur mit ihm diskutieren und genauso unwissend bleiben wie vorher.

Das Entscheidende für euren Fortschritt ist die Qualität eurer Gedanken und Gefühle, der Meister ist nur ein Mittel. Wer sich einbildet, seine geistige Entwicklung wäre durch einen großen oder einen noch größeren Meister leichter gewesen, der irrt sich. Nur eines wäre sicher gewesen: Sie hätten noch schwerere Prüfungen durchstehen müssen. Glaubt nicht, dass eine Katze, nur weil sie in Jesu Nähe ist, zum heiligen Johannes werden kann! Nein, sie bleibt eine Katze, und ein Ferkel bleibt ein Ferkel, wenn es nicht ein noch größeres wird...!

Natürlich ist es gut, einen weisen und liebevollen Meister zu haben, aber ihr dürft nie vergessen, dass ihr selbst das Wichtigste seid, denn wenn man etwas Gutes, Himmlisches und Göttliches in sich trägt, zieht man letztendlich immer die entsprechenden Elemente an. Also selbst wenn ich euch eurer Meinung nach nicht so helfen kann, wie ihr es gerne möchtet, ist das nicht so wichtig. Wenn ihr aufrichtig und davon überzeugt seid, dass andere euch durch mich hindurch helfen können, dann seid ihr nie enttäuscht, denn das Wesentlichste seid ihr selbst. Ändert also zunächst einmal eure Gefühle und Gedanken und wisst, dass ihr früher oder später aufgrund des Gesetzes der Affinität die Elemente anzieht, die diesen Gedanken und Gefühlen entsprechen.

Denkt einmal darüber nach, was ein Meister für euer Innenleben bedeuten kann, nicht für euer äußeres, sondern für euer inneres Leben; was für ein starker Transformator er im Kopf des Schülers werden kann, der an ihn glaubt. Als ich in Indien war, habe ich eine Anekdote gehört. Es handelt sich bestimmt um eine Legende, aber sie ist sehr bezeichnend. Ein Meister hatte unter seinen Schülern einen jungen Mann, der ihn so sehr liebte, dass er unaufhörlich seinen Namen wie eine magische Formel aussprach und eines Tages aufgrund seines Glaubens und seiner Liebe auf dem Wasser wandelte. Man teilte dieses Wunder dem Meister mit. Erstaunt rief er seinen Jünger zu sich und sagte: »Man hat mir außerordentliche Dinge über dich erzählt. Angeblich kannst du auf dem Wasser gehen. Wie machst du das?« – »Oh Meister«, antwortete der Schüler, »ich spreche nur liebevoll deinen Namen aus.« Der Meister glaubte das Gleiche tun zu können, ging zum Flussufer, setzte einen Fuß aufs Wasser und versank...! Ihr seht also, der Meister ertrank und der Schüler wandelte auf dem Wasser. Folglich war nicht der Name das Wichtigste, sondern die Inbrunst, mit der der Jünger ihn aussprach. Hätte der Meister auch einen Meister gehabt, der höher war als er selbst, hätte er ihm gegenüber den gleichen Glauben und die gleiche Liebe empfunden, hätte auch er auf dem Wasser gehen können, genau wie es sein Schüler tat.

Ganz gleich welchen Entwicklungsgrad ihr erreicht, ihr dürft nicht auf einer Stufe stehen bleiben, sondern sollt immer ein erhaberenes Wesen lieben und ihm dienen, damit ihr mit seiner Hilfe Wunder vollbringt und Gutes tut. Sonst ertrinkt ihr, und andere vollbringen die Wunder! Dieser Meister kannte nicht viel von den wahren geistigen Gesetzen. Ich bewundere alle Meister der Menschheit und liebe sie von ganzem Herzen. Selbst wenn ich sie übertreffen würde, würde ich sie weiterhin bewundern, denn ich weiß, dass mir gerade meine Bewunderung und nicht der Meister alles bringt. Möglicherweise geben die Meister mir nichts und wissen nicht einmal, dass ich existiere, aber meine Liebe und meine Achtung ihnen gegenüber geben mir alles, und dank dieser Achtung und dieser Liebe werde ich auf dem Wasser wandeln.

XI

DIE IDENTIFIZIERUNG

I

Wenn zwei Menschen sich lieben, gibt es Wechselbeziehungen zwischen ihnen und ihre Auren gleichen sich einander an. Wenn ihr mit einem hohen Meister verkehrt, wenn ihr ihn liebt und euch mit ihm eins fühlt, findet auch mit ihm ein Austausch statt, eure Aura reinigt sich, wird stärker und größer. Hier liegt der Vorteil, sehr erhabene und weitentwickelte Wesen zu lieben. Selbst wenn ihr große Meister liebt, die nicht mehr auf der Erde leben, wie Jesus, Buddha, Krishna oder Zoroaster, vollzieht sich auch mit ihnen eine Art Osmose und ihr profitiert von ihrem Licht. Wenn ihr jedoch das Glück habt, mit einem lebenden Meister zusammenzukommen, wenn ihr das Glück habt, euch seiner Aura zu nähern und von ihr durchdrungen zu werden, dann ist das natürlich noch besser.

Wenn die Schüler sich auf ihren Meister konzentrieren, nehmen sie seine lichtvollen und reinen Ausstrahlungen auf. Und was bekommt der Meister dafür? Glaubt mir, für ihn sieht die Sache nicht so besonders gut aus, denn oft bekommt er für das, was er gibt, nur Unreinheiten. Aber da er sich bereit erklärt hat, Opfer zu bringen und gelernt hat, die unreinen Elemente zu verwandeln, erträgt er alles ohne zu klagen und kann auf diese Weise seinen Schülern helfen.

Wenn der Schüler bemüht ist, sich mit seinem Meister zu identifizieren, stellt er zwischen ihm und sich selbst eine wahrhaft magische Verbindung her, und dank dieser Verbindung ähnelt er ihm nach und nach; vielleicht nicht körperlich – obwohl das mit starkem Willen, festem Glauben und viel Zeit möglich ist –, aber innerlich nimmt er die Weisheit und das Licht seines Meisters auf. Schon in sehr jungen Jahren habe ich begriffen, wie günstig sich die Identifizierung mit meinem Meister auf mich auswirken würde. Keiner, nicht einmal er selbst, hatte mir das geraten. Es war, als hätte ich dieses Wissen aus ferner Vergangenheit mitgebracht. Ich wollte in seinen Geist eindringen und stellte mir vor, wie er zu denken, zu fühlen und zu handeln. Ich tat es, ohne jemandem etwas davon zu erzählen, nicht einmal ihm selbst, und Jahre später begann ich seltsamerweise nicht nur so zu denken wie er, sondern ich wurde ihm auch körperlich ähnlich. Diese Übung hat mir sehr viel eingebracht. Ich fühlte, dass ich es nicht weit brin-

gen würde, wenn ich so mit mir zufrieden wäre, wie
ich war (wie die meisten Leute es tun), deshalb
wollte ich meine Unvollkommenheiten durch die
Qualitäten und Tugenden aller großen Meister ersetzen, und das hat mir ermöglicht, voranzukommen.

Aber sagt den Menschen einmal, sie sollten
ihre begrenzte Mentalität ersetzen! Nein, sie wollen ihre Denkart behalten, sie schützen sie und
klammern sich an ihr fest, und deshalb sieht man
auf ihren Gesichtern die Spuren der Unordnung
und der Qualen, in denen sie leben. In ihrem Dasein gibt es nur Engherzigkeit, Trennungen, Dis-
kussionen und Verärgerungen, die von ihrer niederen Natur herrühren, die sie nicht opfern
wollen. Wie oft habe ich euch während der Feuer-
Zeremonie gesagt: »Lernt zu entziffern, was sich
vor euren Augen abspielt. Die Zweige, mit denen
man Feuer macht, sind schwarz und krumm, aber
schaut nur, in welch herrliche Pracht von Flammen sie sich wandeln! Also warum wollt ihr unbedingt alle abgestorbenen Zweige in euch behalten,
anstatt sie zu opfern, damit sie sich in Wärme und
Licht verwandeln?« Auf keinen Fall, beim Wort
»Opfer« erschauern die Menschen sofort, sie haben Angst, etwas zu verlieren. Gut, dann haben
sie aber weder Wärme noch Licht.

Aus Angst, ihre niedere Natur zu opfern, gehen die Menschen an den wesentlichsten Wahrheiten, die sie hätten retten können, vorbei. Wenn

es darum geht, die geistige Haltung des Lehrers anzunehmen, empfinden sie das als eine Einschränkung, als wolle man ihnen ihre Freiheit und ihre Fähigkeiten nehmen. Ganz und gar nicht, im Gegenteil: Durch die Identifizierung mit einem Meister, der sie übertrifft, können sie ihre Freiheit erweitern und ihre Fähigkeiten steigern. Dies natürlich nur unter der Bedingung, dass der Meister sie übertrifft, sonst wäre es nutzlos.

Die Übung der Identifizierung gründet auf der Kenntnis des physikalischen Gesetzes der Resonanz. Wenn ihr mit dem einen oder andern im Einklang schwingt, kennt ihr nicht nur seine Gedanken und Gefühle, sondern seine Eigenschaften übertragen sich auch auf euch. Ihr könnt den Menschen studieren so lange ihr wollt, ihn beurteilen und festlegen, dass er so oder so sei, in Wirklichkeit aber kennt ihr ihn nicht richtig, denn ihr kennt ihn nur von außen. Erst wenn ihr mit dem anderen im Einklang schwingt, kennt ihr ihn. Durch das Schwingen auf der gleichen Wellenlänge kommen sich zwei Wesen also näher, und das ermöglicht ihnen, sich zu kennen. Genau das ist die Liebe: Die wahre Liebe ist das wirkliche Erkennen, denn die wahre Liebe ist nichts anderes als eine Verschmelzung.

Wenn der Schüler seinem Meister gleichen will, muss er also die gleichen Schwingungen aufnehmen. Ja, es ist eine Frage der Schwingungen.

Er kann seinen Meister sogar übertreffen, das hängt ganz von seiner Liebe ab. Wer die meiste Liebe hat, wird immer der größte. Natürlich sind Wissen und Kraft auch wichtig, aber mit Wissen und Kraft kommt man nicht weit. Die Liebe führt einen jedoch ins Unendliche! Mit ihr eilt ihr vorwärts und bleibt nicht mehr stehen... Ja, das ist die Liebe: Man nimmt die Beine in die Hand und rennt, was man kann. Eine Liebe, die euch stagnieren lässt, ist keine wahre Liebe.

Es war einmal in einem fernen Land ein Knabe, der außerordentlich stark war und seine Kraft in den Dienst des mächtigsten Mannes auf Erden stellen wollte. Er machte sich auf, um in den Dienst des Königs eines Nachbarlandes zu treten. Dieser nahm ihn sogleich in seine Leibgarde auf. Eines Tages jedoch durchquerte der König mit seinem Gefolge einen Wald. Man warnte sie, dass sie sich in der Nähe eines vom Teufel heimgesuchten Ortes befänden, und der König gab den Befehl umzukehren. »Oh«, sagte sich der Knabe, »dieser König kann nicht der mächtigste Mann sein, wenn er sich vor jemandem fürchtet, den man Teufel nennt!« Deshalb verließ er den König und machte sich auf die Suche nach dem Teufel, um in dessen Dienst zu treten.

Eines Abends begegnete er einer finsteren Truppe von schwarzen Reitern. »Wen suchst du?« fragte der Anführer. »Ich suche den Teufel.« – »Das bin ich, was willst du?« – »Ich diente dem

mächtigsten König der Welt, aber eines Tages er-
kannte ich, dass er vor dir Angst hatte. Folglich
bist du mächtiger als er und deshalb will ich
fortan dir dienen.« – »Gut, einverstanden, komme
mit uns.« Und er folgte dem Teufel... Eines Tages
bemerkte er jedoch, dass die Truppe eine Gegend
mied, auf der sich Kreuze befanden und er fragte,
was das wohl für Kreuze seien, die man umgehen
müsse. Aus der Geschichte geht nicht hervor, was
der Teufel über Jesus erklärte, aber der junge
Mann verstand auf jeden Fall, dass er mächtiger
als der Teufel sein müsse, da er ihm ja Angst ein-
flößte, und so beschloss er, Jesus zu dienen. Er
suchte ihn sehr, sehr lange, ohne ihn zu finden.
Schließlich ließ er sich am Ufer eines Flusses als
Fährmann nieder. Er war so groß und stark, dass
er auf einen Stock gestützt die Reisenden auf seinen Schultern ans andere Ufer brachte.

Eines Nachts, als er in seiner Hütte weilte,
brach ein schreckliches Gewitter aus, es blitzte
und donnerte... es war eine reine Sintflut! Da er
nicht schlief, hörte er plötzlich ein Kind weinen.
Er trat erstaunt hinaus und fand in der Dunkelheit
schließlich ein ganz kleines Kind. »Aber mein
Kleines, was machst du hier bei solch einem Wet-
ter?« »Ich wollte den Fluss überqueren, aber ich
kann nicht, weil ich zu klein bin!« »Weine nicht
länger, ich bringe dich hinüber.« Er nahm das
Kind auf seine Schulter und stieg in den Fluss...

Aber die Wasser waren so hoch angestiegen und der Strom so reißend, dass er nur mühsam vorankam und vor allem spürte, wie das kleine Kind auf seinen Schultern schwerer und schwerer wurde... »Aber mein Kind, warum bist du so schwer?« fragte der Fährmann, »du wiegst ja so viel wie die ganze Erde!« – »Oh«, erwiderte da das Kind, »ich bin schwerer als die ganze Erde, ich bin Jesus, dem du dienen wolltest. Von heute an wird man dich Christophorus, das heißt Christus-Träger nennen.« Das ist die Legende vom heiligen Christophorus.

Kann man einem Schüler, der genau wie Christophorus einen schwachen und ängstlichen Herrn verlässt, um einem mächtigen, furchtlosen Meister zu dienen, einen Vorwurf machen? Womit macht er sich schuldig, wenn er dem größten Meister dienen will? Der größte und mächtigste Meister ist die Sonne. Wenn man sie mit anderen Meistern vergleicht, sind diese schwach, kränklich und unstet. Allein die Sonne widersteht allen Unwettern. Folglich ist sie der stärkste Meister, dem man dienen und bei dem man lernen sollte. Ja, aber den Menschen fehlt das Wissen der Einweihungslehre, und deshalb können sie die Dinge noch nicht aus dieser Sicht betrachten. Wenn sie noch nicht einmal verstehen können, wenn man ihnen sagt, mit der Seele und dem Geist ihres Meisters im Einklang zu schwingen, dann können sie es erst recht nicht begreifen, wenn es sich um die Sonne handelt.

Für den Schüler liegt also die wahre Magie in der Identifizierung mit seinem Meister, damit die Schätze seiner Seele, seines Herzens, seines Verstandes und seines Willens sich über ihn ergießen. Denn ein Meister ist nicht egoistisch und geizig, er will von allem reichlich schenken... Sogar wenn einer seiner Schüler ihn übertrifft, ist er stolz und sagt sich: »Er ist mein Kind. Es ist intelligenter, besser und stärker als ich. Umso besser, denn ich bin sein Vater!« Und er ist stolz. Wenn ein Vater wütend wird, weil sein Sohn ihn übertrifft, ist er kein wahrer Vater; und wenn ein Meister zürnt, weil es einem Schüler gelungen ist, ihn zu überragen, wenn er neidisch wird und anfängt, ihn zu schikanieren und zu quälen, hat er die höheren Stufen der Selbstlosigkeit – die größte Tugend eines Meisters – noch nicht erreicht. Ja, es gibt tatsächlich Meister, die sich von der Eifersucht noch nicht befreit haben.

Man kann einem Schüler nicht vorwerfen, seinen Meister übertreffen zu wollen. Wer soll euch daran hindern, die von Gott gegebenen Fähigkeiten zu entwickeln? Das Ziel, das zu erreichende Ideal ist weder euer Vater, eure Mutter noch euer Meister, sondern Gott selbst. Ein Meister dient euch eine Weile als Mittel, als Erzieher, als Vater, er ist eine Etappe, eine offene Tür, aber nirgends ist davon die Rede, dass ihr bei ihm Wurzeln schlagen und nicht weiter gehen sollt. Es heißt nur, dass ihr durch euren Meister hindurch zu Gott finden sollt. Wo gibt es wohl eine sinnvollere und wahrhaftigere Denkweise? Wenn ihr euch eure eigenen Ansichten fabriziert, geht mich das nichts an, aber ich übermittle euch immer wahre, lichtvolle und göttliche Gedanken.

Ein Meister gleicht einem Vater oder einer Mutter, die euch erziehen; aber man soll nicht ewig bei seinem Vater oder seiner Mutter bleiben, sondern zu Gott aufsteigen. Wenn euer Meister Gott erreicht hat, seid ihr mit ihm zusammen bei ihm, umso besser, aber sonst kann man nicht ewig bei seinem Meister bleiben. Übrigens bleibt auch ein Meister nicht auf dem gleichen Niveau stehen, er entwickelt sich schnell, und wenn ihr mit ihm Schritt halten wollt, müsst ihr euch beeilen! Er ist auf dem Weg zu Gott, er bleibt nicht bei euch, also müsst ihr mit ihm laufen, um Gott zu finden. Warum? Weil Gott das Ziel aller Wesen ist. Und wo liegt der Ausgangspunkt? Auch bei Gott!

Ihr fragt: »Und mein Vater? Und meine Mutter?« Sie waren sozusagen eure Bauherren, sie haben euch euren Körper, euer Haus gegeben: eine Hütte oder einen Tempel, je nachdem. »Aber ich möchte, dass sie bei mir bleiben!« Gut, dann versucht, sie in eurem Wettlauf mitzureißen!

II

Viele von euch fragen sich, wie es mir gelingt, bestimmte Stellen der Evangelien zu deuten, die seit zweitausend Jahren noch nicht richtig erklärt worden sind. Wenn Jesus zum Beispiel sagt: »Mein Vater arbeitet... und ich arbeite mit Ihm« (Jh 5,17), um welche Arbeit handelt es sich dabei? Oder: »Bittet, so wird euch gegeben, suchet, so werdet ihr finden, klopfet an, so wird euch aufgetan (Mt 7,7).« Was soll man suchen und erbitten, wo soll man anklopfen? Oder auch andere Gleichnisse wie: der ungetreue Haushälter, die fünf klugen und die fünf törichten Jungfrauen, das Kamel, das durch ein Nadelöhr geht, während ein Reicher nicht durch das Himmelstor kommt... Vielleicht gab Jesus seinen Jüngern zahlreiche Erklärungen, aber diese sind in den Evangelien nicht überliefert worden. Wie soll man also genau herausfinden, was Jesus meinte!

Als ich noch sehr jung war, stellte ich mir bereits diese Frage und besorgte mir viele Bücher mit Kommentaren über die Aussagen Jesu. Aber die gegebenen Erklärungen stellten mich nicht besonders zufrieden. Nach vielem Hin- und Herdenken fiel mir eines Tages ein, ich müsse mich in den Kopf Jesu versetzen und begann mit der Vorstellungskraft zu arbeiten. Gott hat dem Menschen die außerordentliche Fähigkeit gegeben, sich das vorzustellen, was er im physischen Bereich weder besitzen noch ausführen kann, und dadurch hat Er ihm die Möglichkeit gegeben, die Bedingungen für die Verwirklichung dieser Dinge zu schaffen. Leider nutzt der Mensch diese Fähigkeit nur zur Befriedigung seiner niederen Instinkte, wie Sinnlichkeit, Habgier, Herrsch- und Rachsucht. Es ist fast unglaublich, was die Menschen sich in diesem Bereich alles einbilden können! Deshalb sollte man die Fantasie so erziehen, dass sie himmlischen Tätigkeiten dient.

Um mich in die Denkweise Jesu zu versetzen, stellte ich mir vor, ich sei in Palästina, in all den Gegenden, die in den Evangelien erwähnt werden, in den Städten und Bergen, am Ufer des Jordan oder am See Genezareth. Ich bildete mir ein, meinen Jüngern die Sätze zu sagen, deren Sinn ich kennen lernen wollte. Auf diese Weise trat ich in Gedanken, in das Bewusstsein Jesu ein und stellte mir vor, wie er zu sehen, zu fühlen und zu denken. Natürlich gelingt einem das nicht von heute auf morgen, ich habe sehr, sehr lange daran gearbeitet. Manchmal hatte ich Erfolg und manchmal nicht. Heute kann ich sagen, dass ich dank dieser jahrelangen Übung, mich in den Verstand Jesu zu versetzen, den Sinn der biblischen Gleichnisse besser erläutern kann als viele andere.

Reden wir nun über diese Übung im Allgemeinen. Auch ihr könnt euch in den Kopf eures Lehrers versetzen, um seine Gedanken zu kennen. Jedoch nur unter der Bedingung, dass eure Beweggründe rein und uneigennützig sind und dass ihr nur himmlische Dinge erbittet. Denn wenn ihr in den Verstand eines anderen eintretet, übertragt ihr ihm sowohl eure guten als auch eure schlechten Elemente. Ohne Schaden anzurichten, könnt ihr diese Übung also nur mit Wesen durchführen, die so weit fortgeschritten sind, dass sie imstande sind, die mitgebrachten Unreinheiten zu verwandeln.

Wie weit sind die Menschen von diesen Wahrheiten entfernt! Sie kümmern sich nie darum, ob ihre Gedanken und Wünsche die anderen stören oder beschmutzen. Wenn ein Mann sich für den geistigen Weg entschließt, geht etwas Schönes, Lichtvolles und Mächtiges von ihm aus. Die Frauen sind diesem Charme gegenüber natürlich sehr empfänglich, und schon stellen sie sich alle möglichen Sachen vor, ohne daran zu denken, welche Versuchungen sie ihm damit im unsichtbaren Bereich schaffen. Aber so ist eben die weibliche Natur beschaffen, man kann sie nicht zur Vernunft bringen. Sobald sie einen Impuls spürt, muss sie ihm nachgeben. Viele Eingeweihte sind auf diese Weise unter dem ständigen Ansturm von Frauen, die von ihnen geliebt werden wollten, gefallen. Nur die wirklich starken Meister konnten dem widerstehen. Damit will ich nicht sagen, dass man seinen Meister nicht lieben soll. Doch, aber auf geistige Art und Weise, um ihn zu unterstützen und zu beschützen, damit er seine Aufgabe erfüllen kann.

Wer in das Bewusstsein eines Eingeweihten eintreten will, der soll am besten einen hohen Meister wie Jesus, Hermes Trismegistos oder Melchisedek wählen, denn bei ihnen besteht wenigstens keine Gefahr, dass er ihnen schadet oder ihre Arbeit behindert, selbst wenn er ein sehr unvollkommener Mensch ist. Die Übung, die ich mit Jesus machte, habe ich auch mit meinem Meister Peter Deunov durchgeführt, aber nicht irgendwann und irgendwie. Nur mit Achtung und einem Gefühl für das Heilige wagte ich, in das Bewusstsein des Meisters einzutreten. Übrigens kann diese Übung nur unter der Bedingung, dass ihr sie mit Ehrerbietung und Andacht ausführt, nützlich und segensreich für euch sein, denn dann schwingt ihr auf derselben Wellenlänge wie er, und dank dieser Erkenntnis könnt ihr die Welt seiner Gedanken erforschen.

XII

»WENN IHR NICHT WERDET WIE DIE KINDER...«

Habt ihr euch schon einmal überlegt, warum die unsichtbare Welt die Kinder zu Erwachsenen und nicht zu anderen Kindern schickt? Sie tut es, weil die Kinder in ihren Eltern Vorbilder finden, denn ohne Vorbild kann man nicht wachsen, nichts lernen und sich nicht entwickeln. Aber die Eltern sind mitunter merkwürdige Vorbilder! Sie sind selbst nicht immer so vorbildlich, wie sie es sein sollten. Und da Kinder ihre Eltern instinktiv nachahmen, benehmen sie sich genau wie die Eltern nicht immer beispielhaft. Die Erwachsenen brauchen selbst ein Vorbild, das sie übertrifft. Aber das wollen sie nicht zugeben. Sie halten sich für untadelig und vollkommen und mit dieser Selbstzufriedenheit steuern sie auf Katastrophen zu.

Meint ihr, dass ich keine Vorbilder brauche, um so zu werden wie ich es mir wünsche? Doch, natürlich brauche ich Vorbilder, und da ich hier auf Erden keine Wesen finde, die vollkommen genug sind, suche ich sie woanders, und zwar in der göttlichen Welt; deshalb mache ich täglich Fortschritte. Gewiss, es sind nur kleine Fortschritte, aber wenn ich täglich einige kleine Schritte weiter vorankomme, lege ich in einigen Jahrtausenden eine riesige Strecke zurück. Ja, ich habe genügend Geduld, um noch Tausende von Jahren weiterzuarbeiten!

Der Himmel schickt die Kinder also zu den Erwachsenen, damit sie Vorbilder haben. Aber umgekehrt sollen auch die Eltern in den Kindern ein Beispiel für das sehen, was sie aufs Neue werden sollten. Ein Erwachsener ist zu groß, zu schwer, zu abgestumpft, aber wenn ein Kind lächelt oder lacht... oh, dann öffnet man ihm sofort die Türen! Glaubt aber nicht, dass sich nun alle aufgrund dieser Erklärungen entschließen würden, wieder Kinder zu werden! Nein, sie machen genauso weiter wie vorher, überladen sich mit Lasten, Sorgen und Komplikationen, weil sie eben nichts begriffen haben.

Warum benehme ich mich denn immer noch wie ein Kind? Viele sind verblüfft und schockiert, wenn sie mich zum ersten Mal sehen: »Was ist denn das bloß für ein komischer Mensch? Man sagte uns, wir würden einen Meister treffen, aber wir sehen nur ein Kind, das lacht, scherzt, mit dem Kopf wackelt und mit Armen und Beinen zappelt...!« Sie haben nicht erkannt, dass ich das Kind in mir bewahren will. »Aber manchmal sind Sie ernst, tiefgründig und gesetzt wie ein alter

Mann!« »Nun, das bringt ein wenig Abwechs-
lung!« Nein, in Wirklichkeit möchte ich, dass
mein Herz immer ein Kind bleibt, ein Kind, das
sofort bereit ist zu lieben und sich schnell begeistert. Aber mein Verstand soll einem betagten
Mann gleichen, der schon mehrere Tausend Jahre
alt, weise und erfahren ist. Wie ihr seht, sind der
alte Mann und das Kind beide in mir gegenwärtig,
aber jeder an seinem Platz, während man bei den
Menschen zu oft einen kindischen, dummen Intellekt und ein altes übersättigtes Herz findet.

In welcher Situation befindet sich ein kleines
Kind? Es wird von seinen Eltern umsorgt, ernährt,
gewaschen und gekleidet. Es hat keine Sorgen
und braucht nicht zu arbeiten. Für die Eltern gilt
jedoch das Gegenteil, alle Bürden, Komplikationen und Pflichten lasten auf ihnen. Sie müssen
Geld verdienen und für den Unterhalt der Familie
sorgen, sie ernähren, unterbringen, beschützen
usw. Ich rede hier im Allgemeinen, denn ich weiß
wohl, dass manche Kinder misshandelt, verlassen
und von ihren Eltern auf die Straße gesetzt werden, und dass manche reiche und bevorzugte Erwachsene in Glück und Ruhe leben. Aber auf
diese Ausnahmefälle möchte ich nicht eingehen.

Wenn man den Grund für den Unterschied
zwischen der Situation eines Kindes und der eines
Erwachsenen sucht, stellt man fest, dass das Kind
nur deshalb diesen Schutz genießt, weil es nicht

auf sich selbst zählen kann. Es bleibt in der Obhut seiner Eltern, weil es noch nicht die nötigen Fähigkeiten besitzt, um sich im Leben allein zurechtzufinden und für sich selbst aufzukommen. Später, wenn es sich stark und fähig fühlt, will es Verantwortung übernehmen, arbeiten, sich durchsetzen und Beweise bringen; und gerade dann treten die Sorgen auf, ganz einfach deshalb, weil es auf sich selbst, seine eigenen Fähigkeiten, Kräfte und Ansichten angewiesen ist. Es ist also nicht so sehr eine Frage des Alters, ob man Erwachsener oder Kind ist, sondern eine Frage der Einstellung.

Mich interessiert hauptsächlich, wie man sich im geistigen Leben verhalten soll. Nehmt das Beispiel von Schülern oder auch Eingeweihten: Sie wollen nicht Herr über ihr eigenes Leben sein, wollen nicht über ihr Dasein verfügen und es nach eigenem Belieben gestalten, sie wollen die Verbindung mit dem Schöpfer nicht abbrechen – sie wollen Kinder bleiben, das heißt, sie wollen ihren himmlischen Eltern gehorchen, ihnen folgen und alles ihren Ratschlägen gemäß verwirklichen. Wenn sie sich auf diese Weise verhalten, kümmert der Himmel sich um sie, versorgt sie, wacht über ihnen und beschützt sie. Seht ihr, das ist eine neue Auslegung der Worte Jesu: » ... Wenn ihr nicht werdet wie die Kinder, so werdet ihr nicht ins Himmelreich kommen.« Wenn die Menschen erwachsen sind, fühlen sie sich stark und frei. Sie brauchen weder den Himmlischen Vater noch die Göttliche Mutter und brechen die Verbindung zu ihnen ab. Aber von diesem Augenblick an bricht das ganze Unglück über sie herein, denn dann kümmert sich der Himmel nicht mehr um sie; sie sind ja erwachsen! Wenn sie Kinder bleiben würden, das heißt wenn sie anstatt dem Himmel gegenüber unabhängig sein zu wollen, das Bedürfnis hätten, sich von ihm lenken zu lassen, seine Ratschläge zu befolgen, ihm zu vertrauen und nur an der Hand der göttlichen Eltern zu gehen, dann würden die göttlichen Eltern sich weiterhin um sie kümmern und sie beschützen.

Dies bedeutet nicht, dass man kein Erwachsener werden soll, sondern dass man sich auch als Erwachsener dem Himmel gegenüber wie ein Kind verhalten soll und ihm Gehorsamkeit, Fügsamkeit und viel Liebe zeigen soll. Der Himmel sieht ein solches Wesen und verlässt es nicht, er schickt ihm seine Hilfe und sein Licht. Nur wenn ihr ein Kind seid, hilft euch der Himmel. »Ja, aber ich bin schon ein alter Mann von neunundneunzig Jahren!« Das macht nichts, die göttlichen Wesenheiten schauen nicht auf eure Falten, euren Bart oder euer weißes Haar, sie richten sich nicht nach dem offiziellen Kalender, sondern sehen nur, dass ihr ein liebenswertes Kind seid, dass ihr euch wie ein Sohn, eine Tochter Gottes verhaltet, und dann lassen sie euch ins Paradies eintreten.

Mitunter treffe ich zahlreiche junge Männer oder Mädchen, die ein so großes Vertrauen in ihre eigene Denkweise, in ihr eigenes Wissen und ihre eigenen Standpunkte haben, dass sie von niemandem Ratschläge annehmen. Sie hören nicht einmal auf einen Meister. Wenn ich ein solches Verhalten sehe, weiß ich bereits, dass ihnen große Probleme bevorstehen und dass sie noch nicht reif sind, ihnen entgegenzutreten und sie richtig zu lösen. Dies ganz einfach deshalb, weil sie die Mentalität der Erwachsenen angenommen haben. Anstatt sich wie ein Kind zu benehmen, das sich seiner Unwissenheit und Schwächen bewusst ist, das sich seinen Eltern anvertraut, ihren Rat sucht und ihn aufmerksam befolgt, zählen die jungen Leute ausschließlich auf ihre eigenen Meinungen. Nun denn, diese Jungen und Mädchen sind schon zu alt und gehen bitteren Enttäuschungen und schweren Leiden entgegen.

Ihr werdet fragen: »Aber wie lange müssen wir uns denn wie Kinder verhalten?« Bis ihr so rein und lichtvoll seid, dass der Heilige Geist sich in euch niederlassen kann. Erst wenn der Heilige Geist im Menschen wohnt, kann er sich wirklich als erwachsen betrachten. Gott hat die Dinge nicht so eingerichtet, dass der Mensch ewig ein Kind bleibt. Die kosmische Intelligenz hat beide Lebensabschnitte festgelegt, sowohl die Kindheit als auch das Erwachsenenalter. Bis man die Reife erlangt, muss man eine bestimmte Zeit lang Kind sein. Die Reife beginnt jedoch nicht dort, wo die Menschen sie festgelegt haben. Sie behaupten, mit achtzehn oder einundzwanzig Jahren volljährig zu sein, aber die Mündigkeit, von der ich spreche, haben sie noch nicht erreicht. Viele sind selbst mit neunundneunzig Jahren noch nicht wirklich mündig, weil sie keinerlei geistige Reife haben.

Erst wenn ein Mensch den Heiligen Geist empfangen hat, ist er wirklich erwachsen. Dann wandelt er im Licht und sieht klar. Nur dieser Erwachsene wird vom Himmel als erwachsen anerkannt. Alle anderen sind noch störrische Kinder. Ja, wer die geistige Mündigkeit noch nicht erreicht hat, wird in der höheren Welt als Säugling betrachtet. Jetzt wird alles verständlich. Der Mensch ist nicht zum ewigen Kindsein verdammt, aber solange er noch nicht das Licht, den Geist Gottes, der den ganzen Reichtum bringt, erhalten hat, muss er sich wie ein Kind benehmen, das heißt, er muss dem Himmel gegenüber immer gehorsam, demütig und aufmerksam sein. Wenn ihr übrigens Menschen seht, die mit unentwirrbaren Schwierigkeiten kämpfen, ist das ganz einfach der Beweis dafür, dass sie noch ungehorsame Kinder sind, denn die wahren Erwachsenen leiden nicht mehr: Sie leben ständig im Licht. Aber all jene, die sich bis zu ihrer Reife nicht wie Kinder auf-

führen wollten und frühzeitig erwachsen geworden sind, müssen natürlich leiden.

Was soll man also tun? Nun, das ist ganz einfach: Solange ihr noch nicht erwachsen seid,
müsst ihr eure himmlischen Eltern bitten, euch zu
erleuchten und euch zu führen. Wenn sie sehen,
dass ihr immer stärker und strahlender werdet,
dass ihr mehr und mehr Licht und Liebe besitzt,
beschließen sie, euch eure Mündigkeit zu geben,
und dann erleuchtet und inspiriert euch der Geist
des Lichtes unablässig. Aber solange der Himmel
euch nicht als Erwachsene anerkannt hat, müsst
ihr demütig und gehorsam wie ein Kind handeln,
damit ihr in das Reich Gottes eintreten könnt.

Aber versteht mich richtig. Wenn ich von Demut
und Gehorsam spreche, meine ich gegenüber dem
Herrn... nicht gegenüber den Menschen. Oft wurde
angenommen, dass man sich jedem x-Beliebigen
unterwerfen und jedem x-Beliebigen gehorchen
solle, und so gab es viele, die Tyrannen, Reichen,
Mächtigen und Henkern gehorchten! Nein, nur den
göttlichen Prinzipien gegenüber soll man treu, ehr-
erbietig, unterwürfig und gehorsam sein.

Im geistigen Leben gibt es Stadien der Wand-
lung, die den Übergang von einer Entwicklungsstufe zur anderen kennzeichnen, genauso wie man
im physischen und psychischen Leben zum Beispiel die Pubertät oder die Wechseljahre beobachten kann. Diese Übergänge zeigen sich im geis-

tigen Leben nicht so deutlich, aber sie sind sehr bezeichnend, weil sie im Inneren große Veränderungen mit sich bringen. Genauso wie sich im physischen Leben der Übergang von der Kindheit zur Jugend und dann zum Mannesalter vollzieht, ist auch in unserer geistigen Entwicklung dieser Übergang vorgesehen. Solange man die Reife eines Erwachsenen nicht erreicht hat, muss man ein Kind bleiben. Aber wenn man einmal erwachsen ist, gibt es keinen Grund mehr, sich weiterhin wie ein Kind zu benehmen.

»Wenn ihr nicht werdet wie die Kinder, so werdet ihr nicht ins Himmelreich kommen.« Diese Worte Jesu sind leicht zu verstehen. Sowie ihr aufhört, eurem Himmlischen Vater und eurer Göttlichen Mutter zu vertrauen, sowie ihr sie nicht mehr liebt und euch Ihnen nicht mehr überlasst, spürt ihr die Bürden des Lebens, das Elend und die Hässlichkeit. Ihr werdet überdrüssig, euch fehlt die Heiterkeit eines fröhlichen, sorglosen Kindes, das spielt und singt, und unter der Last auf euren Schultern bekommt ihr Falten und werdet runzelig. Aber wenn ihr als Erwachsener trotz der Pflichten und Lasten ein himmlisches Kind bleiben wollt, weil ihr wisst, dass ihr in der höheren Welt Eltern habt, die euch lieben, dann entfaltet ihr euch und werdet freundlich, schön, lichtvoll.

Ist das jetzt klar? Wir alle haben von nun an also nichts anderes zu tun, als Kinder des Him-

mels zu werden, denn wenn wir die Liebe, die
Gegenwart und die Hilfe unseres Vaters und unserer Mutter spüren, werden wir ständig unterstützt,
ermutigt, erleuchtet und beschützt. Wer sich hingegen schon für stark genug hält, sich erlauben zu
können, die Verbindung zum Himmel abzubre-
chen, der fühlt sich unglücklich, verlassen und
lebt in Kälte und Einsamkeit. Wenn ihr einen
niedergeschlagenen Menschen seht, der von Sorgen erdrückt wird, könnt ihr sagen: »Das ist ein
Mensch, der zu früh erwachsen geworden ist, er
hätte ein Kind bleiben sollen.«

Ihr solltet begreifen, dass es in eurem Interesse liegt, öfters einen Meister aufzusuchen, um
bei ihm eine neue Sichtweise zu erhalten. Genauso wie ihr einen Vater braucht, braucht ihr
auch einen Meister, denn ein Meister ist eine andere Art Vater. Ihr werdet sagen: »Aber das ist
doch gar nicht nötig, ich habe bereits einen Vater!« Ja natürlich, aber kann er euch genauso viel
lehren wie ein Meister?

Wenn ein Schüler auf dem Weg der Evolution
vorankommen will, muss er drei Wesen lieben
und verehren: den Himmlischen Vater, damit er
sein Bedürfnis nach göttlicher Liebe stillt; die
Sonne, damit er den Sinn für das Allumfassende
entwickelt und schließlich einen Meister, der seinen Verstand erleuchtet. Dies wurde in der Vergangenheit in allen Einweihungen gelehrt.

Verlage und Auslieferungen

Éditions Prosveta S.A. - B.P. 12 - F-83601 Fréjus Cedex (France)
Tel. (33) 04 94 19 33 33 - Fax (33) 04 94 19 33 34

DEUTSCHLAND
PROSVETA VERLAG GMBH
Postfach 16 52, 78616 Rottweil
Tel. 0741-46551, Fax 0741-46552
E-Mail: prosveta7@aol.com
Internet: www.prosveta.de

ÖSTERREICH
HARMONIEQUELL VERSAND
Hof 37, 5302 Henndorf
Tel. und Fax 06214 7413
E-Mail: info@prosveta.at
Internet: www.prosveta.at

SCHWEIZ
ÉDITIONS PROSVETA
1808 Les Monts-de-Corsier
Tel. 021 9219218, Fax 021 9229204
E-Mail: prosveta@prosveta.ch
Internet: www.prosveta.ch

Auslieferungsadressen für weitere Länder finden Sie unter
www.prosveta.com

Wenn Sie sich über die Anwendung der Lehre von
Omraam Mikhael Aivanhov informieren möchten,
wenden Sie sich bitte an eine der folgenden Adressen:

Deutschland
UWB e.V., Marienstr. 33, 78588 Denkingen
Internet: www.uwb-ev.de, E-Mail: uwb@uwb-ev.de

Schweiz
FBU, Chemin de la Céramone, 1808 Les-Monts-de-Corsier
Telefon 021-921 93 90, Telefax 021-923 51 27

Österreich
UWB, Postfach 335, 5016 Salzburg
Internet: www.aivanhov.de, E-Mail: uwb@omraam.org